Alguien quiere lo que tienes
Economía Colaborativa y Emprendimiento

Liana Guerrero / Miguel Fraino

Copyright © 2017 Liana Guerrero / Miguel Fraino

Todos los derechos reservados.

ISBN: 1974373398
ISBN-13: 9781974373390

DEDICATORIA

A mi hija Natalia,
Dios guía tus pasos. Eres lo que más amo en el mundo.

A mi esposo, gracias por apoyarme en todas mis aventuras.

A mi madre, a las mujeres de mi vida, gracias

CONTENIDO

Agradecimientos.................................... i

Introducción 1

1. Entendiendo la economía colaborativa............ 7
2. Valores que sustentan la economía colaborativa................................... 15
3. La confianza como valor en la economía colaborativa................................... 21
4. El poder de las relaciones basadas en la confianza....................................... 27
5. La reputación................................. 35
6. El impacto de la economía colaborativa......... 41
7. Marco regulatorio y retos por enfrentar........ 47
8. Emprender en la economía colaborativa.......... 55
9. La financiación colectiva...................... 63
10. Emprender con éxito creando plataformas que conectan personas............................ 73
11. Emprender en las plataformas de Economía colaborativa........................... 91

Bibliografía..................................... 99

AGRADECIMIENTOS

A Dios que guía nuestros pasos, que cuida de nosotros y nos ama infinitamente a pesar de nuestros errores.

INTRODUCCIÓN

Ma Yun fue un pésimo estudiante; nació y creció en el seno de una familia de origen humilde en China, en la provincia de Hangzhou, donde montaba su bicicleta y pedaleaba hasta las zonas de los principales hoteles para conocer turistas y aprender inglés, allí los viajeros lo comenzaron a llamar Jack. Durante la primaria reprobó los exámenes más importantes; en secundaria repitió la misma situación y particularmente las matemáticas lo pusieron a sufrir bastante.

Superada la secundaria decidió ingresar a la universidad; se interesó en ingresar a Harvard, en donde fue rechazado 10 veces. Intentó en Hangzhou Normal University y después del tercer intento fue aceptado, allí obtuvo un título en letras inglesas. Una vez graduado, comenzó a buscar trabajo y fue rechazado en 30 trabajos diferentes. Intentó ser policía pero le dijeron que no era bueno para eso; cuando en KFC, la famosa cadena de comida rápida, se presentaron 24 aspirantes para trabajar en esta empresa, 23 fueron contratados y el único excluido fue el joven Ma Yun. Consiguió trabajo en McDonald's de donde fue despedido poco después por no cumplir las expectativas. Finalmente consiguió un trabajo estable enseñando inglés y obtuvo un salario de 20 dólares al mes. Hasta este momento nadie pudiera haber imaginado que el joven Ma Yun, debido a su persistencia y resilencia se convertiría en uno de los hombres más ricos del mundo en los siguientes 15 años.

En el año 1994, Jack Ma como se le conoce popularmente, tuvo su primer contacto con internet debido a un viaje que hiciera a los Estados Unidos, regresó a China y fundó una de las primeras empresas online del país, China Yellow Pages. En 1999, con 34 años decidió transformar la sala de su casa en una oficina y consiguió reunir los primeros 50 mil dólares para fundar una empresa que vinculara a fabricantes de productos chinos con personas del mundo entero que quisieran comprar sus productos. El nombre de esta empresa como muchos ya sabrán es Alibaba, el gigante de comercio electrónico que tuvo ventas por más de 550.000 millones de dólares sólo en el 2016, Jack Ma es su fundador y ha contado en numerosas conferencias su historia personal de emprendimiento y éxito, destacando particularmente la ofrecida en el marco del Foro Económico de Davos del año 2015 en donde relata con detalle las veces en que fuera rechazado antes de alcanzar su extraordinario éxito.

El hombre de origen humilde que no tenía conocimientos especializados, que no tenía contactos, que fuera rechazado una y otra vez, creo un imperio cuando vio en internet la posibilidad de crear muchas oportunidades para otros; en una entrevista que le hicieran en México en abril de este 2017, al preguntarle sobre la forma en que llego a ser quien es, respondió que había sido por **internet** y el momento en que creció China. Cuando surgió la idea de emprender en internet pensó en que si no le iba bien, simplemente podía regresar y continuar su labor como profesor; aunque en ese momento sabía que internet podía ser algo grande, nunca imaginó la magnitud del cambio que internet iba a producir en el mundo.

El líder del comercio electrónico ha mencionado que las primeras veces que habló con algunas personas sobre Alibaba, le dijeron que era una idea estúpida, pero él sabía que los fabricantes de China querían poder vender sus productos en el mundo, que sólo unos pocos podían viajar y exponer sus productos en ferias internacionales, pero que la mayoría no tenía ni las posibilidades, ni visa, ni los contactos, por eso sabía que en esa carencia, en esa queja, había una oportunidad y partir de allí se propuso generar soluciones al problema a través de la web. La llegada de internet abrió las puertas para un mundo más interconectado y se encaminó a llevar adelante su proyecto. Hoy su éxito habla por sí mismo. En Alibaba se realizan alrededor de 200 millones de transacciones diarias, personas del mundo entero se han beneficiado de la conectividad que les ha dado internet y a través de plataformas como estas, pueden ofertar sus productos a compradores de todas partes del mundo, sin intermediarios.

Internet marca el inicio de una nueva etapa en la historia del desarrollo de la humanidad, antes lo hizo la aparición del vapor, luego la electricidad. Internet tiene escasos 20 años en nuestra historia y ha venido a crear un nuevo sistema que muchos han llamado la democratización de la información, básicamente el libre acceso y difusión de la información. Con este nuevo poder, cualquier persona puede acceder al conocimiento, emprender y alcanzar un crecimiento exponencial, tal como el caso de Jack Ma.

Hoy consultamos internet antes de elegir el sitio adónde vamos a ir de vacaciones, donde nos vamos a hospedar, consultamos también el clima, el tráfico, las noticias, la reputación de una empresa, las características de un producto, las redes sociales. En este contexto han surgido un gran número de emprendedores que entendieron que podían aprovechar este escenario y crearon imperios basados en la conectividad que nos ofrece internet y en las nuevas tecnologías. Ellos supieron detectar carencias o necesidades que luego convirtieron en oportunidades para emprender empresas exitosas.

Este libro es precisamente acerca de las oportunidades para emprender en un "nuevo" sistema llamado economía colaborativa, una tendencia mundial que está cambiando la forma en como consumimos productos y servicios y que ha abierto las puertas a grandes y pequeños emprendimientos como nunca antes sucedió en la historia de la humanidad; 20 años atrás internet irrumpió en nuestras vidas y los expertos predijeron que el futuro estaba en la web, en el presente los expertos señalan a la economía colaborativa como el futuro; los siguientes 20 años serán los mejores para internet y el consumo colaborativo…aprovéchalos.

Liana Guerrero / Miguel Fraino

1. ENTENDIENDO LA ECONOMÍA COLABORATIVA

> *"En tiempos de cambio*
> *quienes estén abiertos al aprendizaje*
> *se adueñarán del futuro, mientras que aquellos*
> *que crean saberlo todo, estarán bien equipados*
> *para un mundo que ya no existe.*
> Eric Hoffer, escritor

Una joven en Nueva York está muy emocionada, este fin de semana se casará con su novio después de un año de comprometerse, su hermoso traje de novia de diseñador exclusivo lo ha adquirido a través de una plataforma web que vende lujo de segunda mano, su madre y damas de honor han hecho lo mismo; en therealreal.com han visto más de una centena de modelos y han elegido el perfecto para la ocasión. Estos vestidos los usarán en esta importante fecha y luego los pondrán a la venta en la misma plataforma en la que lo compraron.

En Argentina un joven estudiante se ayuda con sus gastos mensuales y es conductor de UBER en sus horas libres, con lo que gana obtiene un dinero extra que le ayuda con sus gastos mensuales, ha elegido los trayectos que queden próximos a su casa y hace los servicios durante algunas horas de la semana que tiene libres. En España, una periodista debe salir una vez a la semana de Madrid a Vigo, ella usa Blablacar una plataforma que permite compartir un automóvil entre usuarios que vayan a un mismo destino, ahorra en viáticos y además conoce gente interesante en el camino, luego escribe sobre su experiencia en un blog personal.

Una pareja en Sidney, Australia alquila una habitación vacía a turistas por Airnb, el turista recibe una mejor tarifa y ha elegido ocupar la habitación basado en la votación de otros huéspedes en la plataforma y los dueños de la casa han descubierto una forma de ingresos extra que antes no tenían. En Londres un grupo de jóvenes ejecutivos asisten a una convención, han gestionado muy bien sus recursos y en vez de pagar un hotel, deciden ahorrar presupuesto y hospedarse en habitaciones disponibles en Airbnb, han buscado con suficiente anticipación y han elegido los hospedajes mejores votados por los usuarios de la plataforma y más económicos en una zona cercana al evento.

En México, varias chicas emprendedoras prepararon su propuesta de emprendimiento que consistió en capacitar a mujeres marginadas en ciertas tecnologías para facilitar su autorrealización y convertirlas en agentes de cambio. La presentaron en una plataforma para recolectar fondos denominada Kickstarter, que simplifica la recolección colectiva de fondos para diversos propósitos, su meta inicial era recaudar 200.000 pesos mexicanos y obtuvieron donaciones de personas en la plataforma por la cantidad de 550.000 pesos mexicanos.

En España muchas chicas revisan Chicfy.com, en Chile Prilov, buscando ofertas para adquirir ropa de marca de segunda mano en perfecto estado, les encanta comprar y vender su ropa a través de estas plataformas; comparten, ahorran en sus compras, las usan, las venden y siempre tienen outfits diferentes en sus redes sociales.

En Houston un estudiante universitario de origen chino, habla inglés fluido y aprende español completamente gratis en la aplicación Duolingo, está estimulado pues se ha inscrito con un grupo de compañeros, en una plataforma para atender turistas de habla hispana y ofrecer tours, actividades y rutas exclusivas este verano. Recibirán ingresos extras y se divertirán con la experiencia conociendo personas de otras partes del mundo.

Todas estas historias tienen en común la existencia de una plataforma digital que actúa como intermediaria para conectar personas que desean intercambiar directamente bienes o servicios, **alguien tiene algo que otro quiere** y comienzan a hacerse transacciones alrededor de este producto o servicio, los usuarios ingresan a estas plataformas atraídos por una comunidad que les inspira confianza, esta práctica se denomina economía colaborativa y es un proceso que nuestros ancestros practicaban; lo extraordinario es que con el avance de la tecnología esta actividad se ha vuelto masiva y se estima que en los próximos años su crecimiento continuará siendo vertiginoso.

El término "Economía Colaborativa" proviene de la expresión inglesa "Sharing Economy" y fue usado por primera vez en un artículo del mismo nombre publicado en el boletín Leisure Report y la revista Time definió la economía colaborativa en 2011 como una de las diez ideas que cambiarían el mundo.

En el año 2010 se publicaron dos libros sobre el tema, Lisa Gansky con "The Mesh: Why the Future of Business is Sharing" y Rachel Botsman con "What's Mine Is Yours: The Rise of Collaborative Consumption", en donde se destacaba que era posible disfrutar de algunos bienes y servicios sin ser propietario de estos.

Este sistema como dije, no es nuevo en el mundo, en realidad hay muchos ejemplos de cómo nuestros ancestros tempranos practicaban el trueque o intercambio; en América Latina durante la época de la colonia, las misiones jesuitas establecieron con mucho éxito el concepto de propiedad comunal, favoreciendo intensamente el tráfico comercial en sus zonas de influencias, más reciente en nuestra historia tenemos las denominadas ecoaldeas que están organizadas de manera que sus habitantes practiquen la cooperación como mecanismo alterno económico de subsistencia.

Wikipedia definió el consumo colaborativo como "la interacción entre dos o más sujetos a través de medios digitalizados o no, que satisface una necesidad real o potencial, a una o más personas"

En marzo de 2017 Sharing España, una organización que engloba empresas de economía colaborativa y que nació en la Asociación Española de la Economía Digital Adigital, presentó el informe "Los Modelos Colaborativos y Bajo Demanda en Plataformas Digitales", allí se planteó el siguiente concepto de economía colaborativa:

"La economía colaborativa la conforman aquellos modelos de producción, consumo o financiación que se basan en la intermediación entre la oferta y la demanda generada en relaciones entre iguales **(P2P o B2B)** o de particular a profesional a través de plataformas digitales que no prestan el servicio subyacente, generando un aprovechamiento eficiente y sostenible de los bienes y recursos ya existentes e infrautilizados, permitiendo utilizar, compartir, intercambiar o invertir los recursos o bienes, pudiendo existir o no una contraprestación entre los usuarios". (P2P se refiere al sonido en inglés de person to person, persona a persona y B2B business to business, negocio a negocio, es una abreviatura que se ha vuelto común para expresar las relaciones directas, sin intermediarios)

Bajo estas nociones vienen surgiendo a nivel mundial una gran cantidad de iniciativas que son diferentes en cuanto su origen y finalidad pero con un esquema parecido, conectar personas alrededor de la oferta y la demanda de un servicio o producto que pudiera estar infrautilizado –una habitación, asientos en un vehículo, herramientas, entre otros- para obtener ingresos de éste.

En este entorno, de acuerdo a algunos criterios de la economía clásica, una vez que las transacciones persiguen la obtención de un lucro, la economía colaborativa se acerca a condiciones denominadas como de libre mercado de competencia perfecta, en donde la interacción de la oferta y la demanda es la que determina el precio del bien o servicio; esta teoría plantea que al existir un elevado número de productores y consumidores, no se puede ejercer una influencia directa sobre el precio, sino que a través de la información amplia, transparente y gratuita se elegirá quien proveerá un producto o servicio ofrecido. De esta forma, si un productor decide incrementar el precio de su producto o reducir o incrementar la producción no ejercerá influencia sobre el mercado, puesto que quienes requieren el producto pueden elegir otro proveedor oferente.

Estas características hacen que los mercados colaborativos sean más eficientes en la gestión de precios y en darle valor a recursos, además principalmente a recursos que anteriormente estaban infrautilizados. Un criterio común es que al compartir la información sobre la utilidad de aquellos bienes en capacidad ociosa, se les da valor, lo que puede impulsar un crecimiento económico más rápido en una comunidad, pues se favorece la reutilización del exceso de capacidad en bienes y servicios y promueve que los mercados colaborativos vayan sustituyendo paulatinamente a otros mercados menos eficientes.

Como vemos la economía colaborativa se acerca más a la acepción propiamente dicha de consumir y se aleja del poseer, pues promueve la idea de que los bienes deben ser reutilizados eficazmente hasta el final de su vida útil por las personas que lo necesiten y minimiza el comportamiento de poseer y comprar sólo para acumular bienes.

Liana Guerrero / Miguel Fraino

2. VALORES QUE SUSTENTAN LA ECONOMÍA COLABORATIVA: COMPARTIR Y CONFIAR

*"Si caminas solo, irás más rápido;
si caminas acompañado
llegarás más lejos"*
Proverbio Chino

En Francia una mujer cocina deliciosas cenas y ofrece una experiencia culinaria en su casa una noche a la semana, sus invitados han reservado y pagado de acuerdo al menú ofertado y los comentarios que han recibido sus platos en Vizeat, plataforma que invita a probar la nueva moda llamada social dining ó cenar en casa ajena y compartir con desconocidos una noche diferente.

En Barcelona una joven prefiere usar Blablacar, una muy conocida plataforma para compartir vehículos en viajes, cuando va a trasladarse a ciudades cercanas por trabajo, de esta forma ha conocido mucha gente, compartido experiencias y hasta se considera una embajadora de su ciudad cuando conoce algún turista y le cuenta los mejores sitios que puede conocer; reporta que usa el servicio porque además de ahorrar, disfruta compartir con personas como ella el trayecto.

Y es que dicen que compartir es vivir. Una de las virtudes más hermosas que hemos aprendido como seres humanos es el valor de compartir, las personas compartimos bienes, recursos, compartimos momentos y espacios, compartimos sueños y metas a lo largo de nuestra vida con todas las personas con las que nos relacionamos. Compartir de manera generosa lo que poseemos ofrece una de las sensaciones más gratificantes y plenas a quien entrega y ahora con todos los recursos que nos ofrecen los medios digitales es normal compartir fotos sobre viajes, paisajes, eventos especiales, nacimientos, éxitos y también momentos tristes y de dolor. En redes sociales hemos vistos exitosas campañas para solicitar ayuda en alguna causa y vemos como la solidaridad y la bondad de muchas personas dicen presente para ayudar a solucionar diversos problemas, manifestándose la que según Aristóteles es la mejor de las virtudes del hombre: la generosidad.

En un sentido económico muchos estudiosos

discuten el papel del compartir como medio de evolución y desarrollo, el sociólogo Gianpaolo Fabris se ha pronunciado al respecto:

"Es la tendencia, de veras extraordinaria a sustituir la posesión por el uso, la adquisición por el alquiler, la propiedad por el acceso. Una orientación que indica una vistosa toma de distancia del fetichismo del objeto, de su atesoramiento, de la simbología de status, de la posesión que hace agio en la fruición, de la acumulación compulsiva: es decir los fundamentos más inquietantes de la sociedad de los consumos"

Fabris habla del desarrollo de una tendencia cada vez más común a generar nuevas formas de compartición dado el fracaso de un sistema que produjo un crecimiento económico mundial que generó bienestar y mejora en la calidad de vida de sólo un grupo de personas y no a nivel global. El filósofo Andrea Braggio propone la compartición o el acto de compartir como la solución a la crisis política y económica que vive el mundo puesto que la economía del compartir crea condiciones sociales más justas, basadas en la cohesión y en la interdependencia al servicio del otro.

"En primer lugar tenemos que aprender a ser hombres. Y ser hombres significa reconocer el valor de la compartición y tomar las necesidades del propio hermano como medida para las propias acciones, sin jamás olvidar que los demás existen en nosotros, como nosotros existimos en los demás"

Jeremy Rifkin, autor del exitoso libro "La Tercera

Revolución Industrial" y "La Sociedad de Coste Marginal Cero", consejero de la Unión Europea y de líderes estatales en todo el mundo como Angela Merkel, se ha referido al tema de la importancia que tendrá el compartir en los próximos años y como el mundo va a cambiar a partir de una nueva organización económica basada en la compartición:

"En la era que viene, cientos de millones de personas producirán su propia energía no contaminante en sus hogares, oficinas y fábricas y la compartirán unos con otros en un «Internet de la energía», al igual que ahora generamos y compartimos información en línea. La creación de un régimen de energía renovable, cargada de construcciones, parcialmente almacenadas en forma de hidrógeno, distribuidas vía un Internet de la energía y conectada a un transporte enchufado que no produce emisiones, establece una estructura de 5 pilares que producirá miles de negocios y millones de trabajos sostenibles. La democratización de la energía también traerá con ello una reorganización fundamental de las relaciones humanas, que repercutirá en todas las maneras de gestionar las empresas, el gobierno de la sociedad, la educación de nuestros hijos e hijas y los compromisos en la vida cívica.

Este reconocido investigador ha hecho diversas predicciones en el pasado; con mucho acierto pronosticó la sustitución de millones de empleos por sistemas automatizados y la redistribución de poder global a raíz de las nuevas tecnologías relacionadas con energías renovables y actualmente se ha dedicado a anunciar el cambio de cultura de consumo en nuestra sociedad y la penetración de un comportamiento basado en el compartir con otros individuos. Allí es donde vemos el mayor impacto y este es el origen del cambio verdadero, al reemplazar el concepto de poseer por el de compartir, al cambiar nuestra manera de pensar respecto a que no es necesario comprar todo lo que usamos, cambiamos nuestra manera de actuar y es que la gran pregunta en economía colaborativa es ¿porque pagar por algo que puedes obtener de forma mucho más económica a través de otras alternativas? un ejemplo es el cambio radical, de origen reciente, en la forma en como consumimos música, ya no necesitamos comprar un disco entero si te gusta sólo una canción de un artista determinado, ahora se descarga la canción o la buscas por Youtube. Para los jóvenes resulta más sencillo este ecosistema, de hecho son ellos quienes están enseñando a sus generaciones precedentes a que es más fácil compartir que poseer, ahora lo que importa es desplazarse y para ello usan Uber, comparten un puesto en un vehículo en donde van otras personas que se dirigen al mismo sitio, compran artículos de vestir de segunda mano, la disfrutan y luego la venden usando los mismos canales digitales.

La sociedad está cambiando y cada vez está más presta a compartir de una forma organizada, las personas quieren conectarse con otras personas, en algunos casos desarrollar una relación directa de consumo que depende de la necesidad que tenga de un bien o servicio, por ello el éxito de muchas de startups, por el nivel de repetición, por la cantidad de veces que los usuarios acuden una y otra vez a usar la plataforma y la calidad del servicio que se ve representada en la cantidad de votos o calificaciones que se obtienen, son los mismos usuarios quienes le indican a su comunidad si están satisfechos con lo que recibieron. Aquí encontramos otro valor en el que sustenta la economía colaborativa, la confianza.

3. LA CONFIANZA COMO VALOR EN LA ECONOMÍA COLABORATIVA

> *"Casi todas las cosas buenas que suceden en el mundo, nacen de una actitud de aprecio por los demás"*
> *Dalai Lama*

Como cualquier valor, la confianza es un bien intangible, gratuito, que no puede ser comprado o vendido; es un sentimiento relacionado con la seguridad que siente quien confía que no será engañado, lastimado o vulnerado de ninguna forma por la persona o ente en quien ha depositado su confianza. La confianza es un elemento trascendental para las buenas relaciones y necesario para generar la voluntad de cooperar con la otra persona y más adelante establecer vínculos afectivos; así surgen las familias y las grandes amistades, producto de la confianza que emerge de esos vínculos, allí se forjan planes, ideas y sueños, se comparten vivencias y los proyectos son posibles; es pues un valor fundamental que está asociado a la felicidad y es uno de los valores primordiales en los que se asienta la economía colaborativa.

En una sociedad, la confianza es considerada incluso como una de las fuentes principales de lo que es el capital social de un grupo de personas, de una comunidad, de una población, de un país y que permiten la construcción de relaciones y vínculos que fortalecidos, facilitan la consecución de los objetivos del grupo y luego el alcance de los intereses de cada individuo. A través de la confianza se logran niveles más altos de cooperación y de reciprocidad; en una comunidad donde los individuos que la conforman se sienten seguros los unos con los otros, son más propensos a interrelacionarse y en este ambiente se van creando redes sociales que generan vínculos importantes; la confianza se vuelve un activo significativo y cada miembro la preservará con sus acciones, aparecen otros valores como la honestidad, la solidaridad y el compromiso, todas estos elementos facilitan la comunicación y cualquier transacción que se haga en este ambiente deberá tener las mismas características, así aparecen la transparencia y la efectividad, pues los mismo miembros del grupo velan porque así sean.

El psiquiatra Robert Waldinger, profesor de la

Escuela de Medicina de la Universidad de Harvard y Director del Harvard Study of Adult Development, es muy conocido por haber explicado en una espectacular conferencia TED llamada "¿Qué hace una buena vida?" los hallazgos de un estudio hecho a un grupo de 724 hombres estadounidenses sobre salud y bienestar mental que se prolongó por 75 años y que arrojó datos respecto a la fórmula de la felicidad; el estudio indicó que las personas que declararon haber sido más felices no fueron aquellas que tenían más dinero, ni las que trabajaron más duro, ni las que estudiaron más, ni las que estaban mejor alimentadas, ni las que tuvieron más fama o éxito. Las personas más felices de acuerdo a este estudio, fueron las que tuvieron relaciones positivas construidas a partir de la confianza. Las personas que se mostraron más plenas son las que experimentaron relaciones afectivas profundas erigidas a través del amor, de la solidaridad, la cooperación, del respeto mutuo y del apoyo en momentos de crisis. Las personas que generaron vínculos de calidad con sus familias, amigos, vecinos, comunidad, fueron las que dijeron haber experimentado mayores niveles de felicidad.

La confianza es un valor que genera relaciones felices entre los miembros de una pareja, una familia, amigos, vecinos, comunidades y también países. En Dinamarca por ejemplo, la confianza, la solidaridad, la tolerancia, la igualdad, la justicia y el respeto por las leyes, son valores que se encuentran muy presentes y arraigados en la cultura de sus ciudadanos y por esto ha sido llamado el país más feliz del mundo. Una encuesta Gallup del 2011 refiere que los daneses confían en sus vecinos y también en sus gobiernos los que los hace propensos también a tener una sensación de bienestar social. La segunda edición del Informe Mundial sobre la Felicidad, publicado por la Red de Soluciones para el Desarrollo Sostenible de las Naciones Unidas tomó en cuenta variables como el apoyo social, la generosidad, entre otros para medir los resultados, mostrando que en aquellos países donde las personas sentían mayor integración social y confianza en la sociedad, tienen un más alto ranking de felicidad.

La confianza es pues un valor intangible y muy preciado, directamente vinculado a la felicidad de las personas y la sociedad. En materia de economía colaborativa alcanza una importancia trascendental; con la irrupción de internet y las nuevas tecnologías en nuestras vidas las personas pueden directamente reclamar a empresas y a sus gobiernos sus insatisfacciones por la forma en como reciben productos o servicios, atrás quedo el consumidor que era cargado de mensajes a través de la publicidad unilateral, hoy vemos un ciudadano muy activo a través de redes sociales, grupos de whatsapp, blogs y cualquier otro medio digital que quiere conversar directamente, ya no solo quiere oír, quiere ser oído; de ahí que es fundamental que las empresas comprendan que deben generar confianza en sus clientes, deben generar comunidad, no mercados.

La respuesta de un ciudadano que confía en la calidad de los productos y servicios que recibe, es la de un individuo que está dispuesto a comunicarlo a través de sus redes, es el usuario que siente que si surge algún inconveniente está respaldado por el servicio que le brinda la empresa.

Por otro lado está el ciudadano que recibe una mala experiencia; anteriormente, cuando esto ocurría, las personas sólo podían manifestar su inconformidad en la empresa y luego contarlo a su círculo cercano, hoy un usuario puede publicar un video en Youtube que puede ser visto por millones de personas y acabar con la reputación de una empresa.

Como en la vida, en la economía colaborativa la confianza se construye con pequeños pasos, detalles que luego son trascendentales y generan vínculos; un viajero que se ha hospedado en la casa de un extraño aprovechando el consumo colaborativo y que ha recibido una excelente atención de su anfitrión, probablemente querrá regresar y además lo recomendará en sus redes sociales, otra persona leerá esta recomendación y más personas depositarán su confianza en el anfitrión y en la plataforma que los respalda; una persona que confíe el cuidado de su mascota elegida a través de los buenos comentarios que vio de otros usuarios en una web, una mamá que compra los productos para su bebé en una página en donde hay otras mamás, así poco a poco, crece la confianza en el producto, en los usuarios y en la plataforma que los conecta.

Liana Guerrero / Miguel Fraino

4. EL PODER DE LAS RELACIONES BASADAS EN LA CONFIANZA

> *"La confianza como arte nunca proviene*
> *de tener todas las respuestas,*
> *sino de estar abierto a todas las preguntas"*
> *Wallace Stevens, poeta*

El Papa Francisco ha sorprendido a todos en abril del 2017 con su aparición a través de una videoconferencia desde el Vaticano en una Conferencia Ted en Vancouver, el tema titulado "Porque nuestro único futuro digno debe incluir a todos" subrayó la relevancia de las relaciones humanas "La existencia de todos y cada uno está profundamente ligada a la de los demás: la vida no es el tiempo simplemente pasando, la vida es sobre las interacciones" dijo el Santo Padre. "El futuro está hecho de ti, está hecho de encuentros, porque la vida fluye a través de las relaciones. Muchos años de vida me han afianzado cada vez más la convicción de que la existencia de cada uno está ligada a la del otro: la vida no es tiempo que pasa, sino tiempo de encuentro".

"Todos nos necesitamos los unos a los otros, ninguno de nosotros es una isla, un ser autónomo e independiente de los demás" dijo el Papa Francisco, recordándonos que los triunfos se consiguen unidos y que "sólo podemos construir el futuro juntos, sin excluir a nadie."

Como hemos visto a lo largo del libro, grandes líderes del mundo, filósofos, empresarios y estudios científicos coinciden en que las relaciones humanas creadas a partir de la confianza, la solidaridad y la cooperación tienen un impacto importante en la sociedad y en la vida de las personas, el confiar o no, afecta significativamente las relaciones entre los seres humanos, la confianza se vuelve un activo fundamental para el éxito de cualquier relación y para construirla se requiere tiempo y un esfuerzo extraordinario que al dar frutos producen maravillosos sentimientos y vínculos fuertes en la familia, en los amigos y en cualquier comunidad.

En el mundo del emprendimiento no es diferente, se requieren acciones que revelaran resultados en el tiempo, se requiere paciencia y persistencia al construir relaciones exitosas que perdurarán en el tiempo. Al emprendedor se le pide confiar en sí mismo sobre todo, desarrollar una buena autoestima fortalecerá su espíritu y le ayudará a sobrellevar los momentos duros, es trascendental que quien está emprendiendo comprenda que van a aparecer obstáculos en el camino que lo harán dudar y por supuesto cometerá muchos, muchos errores, pero el secreto para salir airoso será estar preparado para aprender de ellos rápidamente, adquirir esa confianza en sí mismo dependerá en gran medida de las competencias y aptitudes que desarrolle a través de una constante capacitación.

Por supuesto el emprendedor debe tener una buena idea, debe tener la capacidad de convertir esa idea en un buen producto y luego desarrollar una estrategia que lo lleve al éxito; en esta estrategia las relaciones alcanzan un rol protagónico para el emprendedor, es necesario desarrollar una red de relaciones basadas en la confianza que le ayuden a alcanzar sus objetivos: es posible que el emprendedor requiera uno o más socios, alguien que complemente las competencias y habilidades que tiene; también debe armar un equipo que le apoye y en quien confíe, pero el emprendedor debe también ser confiable, debe ejercer un liderazgo positivo que los impulse a lograr objetivos y debe promover relaciones en donde todas las partes reciban beneficios.

Todo emprendedor debe comprender que es esencial procurar construir relaciones y promover el contacto con personas que después pueden convertirse en clientes, proveedores, mentores y hasta inversionistas en su proyecto, es lo que se ha denominado networking. Los emprendedores deben cultivar las relaciones y la calidad de las mismas, en muchos casos observar con detenimiento el tipo de personas con las que un emprendedor exitoso se relaciona, nos puede dar pistas acerca de los resultados que va teniendo el proyecto.

La Escuela de Negocios Wharton de la Universidad de Pensilvania, considerada entre las mejores del mundo, eligió el tema de las relaciones en la Cumbre de Emprendedores que realizó en 2015 en la ciudad de San Francisco, en la propia sede de la escuela, allí se puso énfasis en la importancia de las relaciones a medida que avanza una empresa. En la página web de la Escuela es posible leer los consejos que se ofrecieron a los presentes en el auditorio: se recalcó la importancia de que las relaciones no sean vistas como simples transacciones y sean consideradas parte fundamental para hacer negocios. Se subrayó la conveniencia de que los emprendedores se conviertan en personas a quien sea sencillo ayudar, presentar ideas de una manera simple y comprensible para cualquier persona; la humanidad y la humildad también tienen gran relevancia, entran aquí los valores de la honestidad, la amabilidad y desarrollar también la capacidad de observar de qué manera el emprendedor puede hacer un aporte en el camino de desarrollar una relación; un ejemplo dado en la conferencia, fue el de un emprendedor quien quería una entrevista con una de las ponentes en la Cumbre, la señora Heidi Roizen, socia operativa de la firma Draper Fisher Jurvetson, el emprendedor sabía que ella tenía una agenda apretada y necesitaba ir al aeropuerto, entonces se ofreció llevarla y en el camino tuvo su entrevista, "hacer que la tarta crezca para todos" dijo la empresaria en su intervención al relatar la historia.

Otro de los puntos de la conferencia versó sobre la importancia de establecer una muy buena relación con un equipo de trabajo y darse el tiempo para seleccionar las personas que lo integrarán y que funciones asumirán, al principio será mejor centrarse en construir una cultura que todos comprendan y en la que estén en sintonía, que crecer rápidamente; al respecto Jeff Bezos ha dicho "si no puedes alimentar un equipo con dos pizzas, este es demasiado grande", el creador de Amazon sostiene que los equipos pequeños se cohesionan mejor y por ende son más productivos.

La utilidad de valorar enfoques y visiones diferentes fue otra de las conclusiones a las que llegó esta cumbre de emprendedores, es positivo escuchar opiniones distintas, es necesario escuchar otras perspectivas, no se puede pensar que se tienen todas las respuestas; "mantener el ego bajo control" decía Leonard Lodish, profesor de Wharton, el emprendedor debe desarrollar la humildad necesaria para aprender de su equipo y de su entorno.

Durante el Foro Económico Mundial del año 2015, Jack Ma, el creador del gigante chino Alibaba fue entrevistado respecto a los fracasos y triunfos que ha vivido y los secretos que lo llevaron a ser uno de los principales líderes del comercio electrónico en el mundo, en esta entrevista, el empresario chino también hablo sobre la importancia que tiene para él la relación con su equipo de trabajo y se refirió a ello justamente cuando fue interrogado sobre cómo mejorar el mundo "Hace muchos años quería cambiar el mundo, ahora creo que si quiero cambiar el mundo, tenemos que cambiar nosotros mismos; cambiar nosotros mismos es más importante y más fácil que cambiar el mundo y la segunda es que quiero mejorar el mundo, porque cambiar el mundo puede ser sobre un trabajo agradable. Mi trabajo consiste en asegurarme que mi equipo sea feliz, porque si mi equipo está feliz, puede hacer felices a mis clientes"

Atrás quedó la época en que lo más importante era ganar dinero y acumular grandes ganancias, hoy los líderes de las grandes compañías reconocen que deben centran sus esfuerzos en construir fuertes vínculos con sus equipos de trabajo, proveedores y con sus clientes para perdurar en el tiempo y permanecer en el mercado; es necesario trazar estrategias y nuevos modelos de operación que les permita ser competitivos y alcanzar sus objetivos de negocio, para ello deben adoptar una mentalidad basada en tejer relaciones donde todos sientan que están ganando; en pocas palabras, empresario y emprendedor deben adaptarse a los nuevos tiempos.

En este sentido los emprendimientos y empresas basadas en economía colaborativa llevan un paso adelante; la empresas que funcionan bajo un ecosistema de economía colaborativa de manera obligatoria deben centrar su estrategia desde el principio en la confianza; el objetivo principal de su modelo de negocio se centra en el usuario y en la confianza que se debe promover para que la relación se mantenga en el tiempo. En este tipo de plataformas se fomenta la construcción de una relación que basada en la confianza generará en el tiempo una relación ganar-ganar para todos.

La confianza se convierte entonces, en el elemento más importante para el éxito de la plataforma; por un lado la empresa procura crear un clima de transparencia en la comunidad, así dependiendo del objetivo de la plataforma, establece patrones de verificación para quienes ofrecen un servicio o producto y crea un sistema de reputación para que otros usuarios los califique, de esta forma todos los miembros de la comunidad acceden a una gran cantidad de información proporcionada por los propios usuarios que reseñan las experiencias que han tenido.

Por otro lado, los miembros de la comunidad se esfuerzan por mantener y mejorar su imagen dentro de la plataforma y en la mayoría de los casos las plataformas establecen un servicio de atención al usuario que orienta a los mismos y establece mecanismos para resolver las insatisfacciones y se asegura de que la conducta de sus miembros sea acorde a la identidad de la empresa, de esta forma se construye una relación fuerte en la comunidad, logrando en los casos más exitosos que quienes estén dentro de ella se mantengan y el deseo de ingresar que surge en quienes aún no pertenecen a la plataforma.

Liana Guerrero / Miguel Fraino

5. LA REPUTACIÓN

"La reputación será la moneda que diga que alguien puede confiar en mí."
Rachel Botsman

Tener una buena reputación online parece sencillo, pero tal como sucede en la vida, la construcción de una buena reputación requiere de paciencia y disciplina; la reputación viene a ser la opinión o estima que se tiene de una persona o de una marca, está profundamente ligada al prestigio y entonces se convierte en un activo importante. En plataformas como Airbnb es común observar como los anfitriones que tienen mejor puntuación se convierten en quienes hospedan más rápidamente. El diario Huffington Post publicó el 09 de noviembre de 2015 en su portal un artículo llamado "Los 10 mandamientos del buen Anfitrión" refiriéndose a Airbnb y de una manera divertida, el diario ilustró a sus lectores sobre la importancia de que los huéspedes se sientan a gusto y aportó tips para que un anfitrión pudiera convertirse incluso en el mejor embajador de su ciudad. Los mandamientos incluyen dar un muy buen recibimiento a sus huéspedes, por su puesto tener la casa muy limpia y aportar ese valor agregado: presentar a sus huéspedes consejos y guías sobre la ciudad que visita, tener una muy buena comunicación con ellos y procurar que la experiencia del huésped sea inolvidable para ellos.

El seguir estos consejos hace que los anfitriones obtengan un activo que a la larga es más importante que el beneficio económico de haber alquilado un espacio en sus casas e incluso más importante que recibir una buena calificación en estas plataformas, estos anfitriones con sus actos están generando vínculos positivos con sus huéspedes, cada vez son más comunes las historias de gente que describen, como muy gratificante la experiencia de conocer a personas de todas partes del mundo, compartir momentos, conocerse y crear un clima de camaradería que se mantendrá en el tiempo y traspasa los límites de la distancia.

Así se genera entonces una comunidad que forja sus vínculos a partir de la confianza y de la reputación que crean sus miembros. Las plataformas basadas en economía colaborativa fomentan que los individuos se acerquen, se arriesguen más y salgan en búsqueda de satisfacer una necesidad -en la mayoría de los casos porque les ofrece un ahorro sustancial o una ganancia por un espacio antes infrautilizado- y entonces a partir de allí surge la oportunidad de conocer a extraños con quien de otra forma, nunca se hubieran relacionado. Una mujer que vive en Valencia, España relata en Youtube su experiencia usando Blablacar, una plataforma que permite compartir viajes en un mismo vehículo con otros que se dirigen al mismo trayecto; ella comenta que le encanta porque le resulta más económico y ha conocido mucha gente. Dice que la primera vez que usó la plataforma, se aseguró de seleccionar un conductor que tuviera una calificación muy buena de otros usuarios, pero que además le tomó fotos al conductor disimuladamente y a la placa de vehículo antes de montarse y se las envío a su esposo; se ríe de su historia y asegura que disfrutó mucho ese primer trayecto pues compartió además con otra chica de origen asiático y su experiencia resultó ser muy agradable y segura, comenta que ha calificado positivamente al conductor y finaliza la historia recomendando a otros que se animen a intentarlo.

En estas historias se manifiesta la importancia de la confianza y la reputación para establecer exitosamente la relación de las personas en una plataforma digital. Creo firmemente que la mayoría de la gente en el mundo, son buenas personas, lamentablemente las malas acciones de unos pocos nos llevan, como es natural a levantar barreras de protección; lo maravilloso que aporta la economía colaborativa a la sociedad, es que necesariamente está ligada para que sea exitosa, a tener una actitud de aporte, de cooperación, de comunidad, que se retroalimenta de las opiniones resultantes de las conductas de sus miembros.

Así tenemos pues que la valoración de la conducta, la reputación y el prestigio toman un muy relevante valor, que además genera reciprocidad, pues si una persona ha dado calificaciones y opiniones positivas sobre otra, es muy probable que ésta última también le recomiende y en la medida de que se obtienen mejores valoraciones se incrementa el deseo de cooperar. Cada vez que los miembros de una comunidad online interactúan entre sí, cada vez que se escribe una opinión y se califica a alguien, cada venta de un bien o servicio, cada puntuación e insignia obtenida, cada acción que se realice en esa comunidad va formando una reputación que a su vez genera los índices de confiabilidad que nos dice si podemos o no fiarnos de él.

Rachel Botsman, experta en economía colaborativa, considerada líder del pensamiento global acerca del poder de la colaboración, autora del libro "What's mine is yours: The raise of collaborative comsumption" dijo en una Conferencia TED dictada en el 2016 llamada "La Moneda de la Nueva Economía es la Confianza" lo siguiente:

"Cuando sepamos cómo hacerlo correctamente, el capital de reputación podría crear una enorme alteración positiva sobre quién tiene poder, confianza e influencia. Un puntaje de tres dígitos, la tradicional historia de crédito, que solo el 30 por ciento de nosotros sabe cuál es, ya no será el factor que determine cuánto cuestan las cosas, lo que podemos comprar, y en muchas instancias, lo que limite lo que podemos hacer en el mundo. De hecho, la reputación es una moneda que creo que será más poderosa que el historial de crédito en el siglo XXI. La reputación será la moneda que diga que alguien puede confiar en mí."

La reputación se ha convertido en un activo tan importante en la actualidad debido a la evolución de la tecnología y con ella, la aparición de diversas plataformas que actúan como intermediarias digitales y que promueven la interacción de sus miembros a través de la valoración que obtengan sus acciones; estas mismas plataformas velan porque sus usuarios adapten sus conductas dentro de la comunidad a la identidad y objetivos de la empresa, de esta forma en la mayoría de los casos, las empresas crean departamentos de atención al usuario que entre otras cosas funciona como depurador de conflictos y arbitro de los usuarios cuando surge alguna disconformidad; Airbnb actúo rápidamente cuando se dio cuenta que comenzó a recibir mala publicidad en prensa al recibir quejas por el comportamiento de turistas que habían ocasionado daños o severas molestias con sus comportamientos, inmediatamente se apresuró a incluir un seguro que cubre hasta 50.000 dólares por daños que ocasionen los viajeros temporales, elevando los niveles de confianza de los anfitriones en la plataforma; esta estrategia provocó que usuarios de otras plataformas comenzarán también a evaluar de que forma la empresa los acompaña cuando las cosas no salen bien y comenzarán a presionar por la contratación de seguros.

En 2015 Amazon se vio obligada a introducir una acción legal en contra de más de 1.000 personas: el gigante del comercio electrónico descubrió que estas personas se ofrecían a publicar comentarios falsos por productos vendidos en la plataforma y cobraban 5 dólares por comentario, este "servicio" era ofrecido desde plataformas de servicios free lance y Amazon argumentó que estas conductas afectaban la credibilidad de las críticas que se hacen dentro de la plataforma, por lo que decidió tomar acciones contundentes.

La mayoría de los expertos coinciden en que la reputación hoy en día es un muy lucrativo activo que debe ser bien protegido, hay quienes aseguran incluso que en un futuro muy cercano, veremos bancos de reputación y parece lógico, pues tiene mucho sentido que si por ejemplo, una persona ha alcanzado la máxima valoración en Airbnb, su reputación lo acompañe a otras plataformas similares.

6. EL IMPACTO DE LA ECONOMÍA COLABORATIVA

*"Era el mejor de los tiempos, era el peor de los tiempos,
la edad de la sabiduría y también de la locura;
la época de las creencias y de la incredulidad;
la era de la luz y de las tinieblas;
la primavera de la esperanza
y el invierno de la desesperación."*
Historia de Dos Ciudades
Charles Dickens

Ya lo habíamos comentado; en 2011 la revista Times indicó que la economía colaborativa sería una de las ideas que cambiaría el mundo y no se equivocó. Datos ofrecidos por la reconocida firma de consultoría PWC indican que la economía colaborativa creció más rápidamente que Facebook, Google y Yahoo juntos, estiman que actualmente el sector está valorado en 15 mil millones de dólares y para 2025 la suma ascenderá a 335 mil millones de dólares. El informe indica además que existen actualmente en el mundo más de 7.500 plataformas bajo el modelo de negocio colaborativo.

Los ciudadanos de todo el mundo están interactuando en estas plataformas y cambiando la forma en como nos relacionamos y como se hacen transacciones. En la actualidad es considerado algo muy normal el ingresar a una plataforma y establecer con un desconocido un alquiler, subasta o cambio de espacios, bienes y servicios. Es muy probable que si alguien no ha usado Uber igual sepa de que se está hablando; la empresa que nació en el 2009 en Sillicon Valley y que conecta personas que necesitan transporte con quienes lo ofrecen, ambas partes califican el servicio y la reputación se vuelve un indicador para seleccionar proveedor y cliente, la empresa está expandida en casi todo el mundo y a pesar de sus muchos detractores se estima que sus ingresos superan los dos millones de dólares al día.

Uber está valorada en 50.000 millones de dólares y Google ha invertido 258 millones de dólares en la empresa al considerarla el futuro del transporte público en el mundo. Ford hizo un anuncio recientemente, competirá con Uber a través de un nuevo servicio de vehículo compartido y General Motors ha decidido 500 millones de dólares en Lyft, la competencia de Uber.

ALGUIEN QUIERE LO QUE TIENES

En el 2008, Brian Chesky y Joe Gebbia, dos jóvenes emprendedores, son notificados de un incremento del 25% sobre el canon de alquiler de su apartamento en San Francisco que no pueden pagar. En la ciudad se celebraba una importante feria de diseño y los hoteles de la ciudad estaban abarrotados, entonces se les ocurrió la idea de alquilar unas colchonetas inflables que tenían en su casa para cubrir el diferencial del alquiler y a su vez cubrir una necesidad que tienen los turistas de la feria. Al ver que la idea podía funcionar, decidieron probar y crear una web que conectara personas que tuvieran una situación similar, así surgió Air Bed and Breackfast, Airbnb, en español, Cama de Aire y Desayuno. Hoy es la plataforma global más importante en su nicho y conecta a quienes tienen un espacio disponible para huéspedes con quienes lo necesitan, cuenta con más de dos millones de alojamientos en todo el mundo y se estima que cada noche se albergan 140.000 viajeros en los espacios registrados en la plataforma.

En China, el gigante de la economía mundial también está experimentando un crecimiento explosivo en materia de consumo colaborativo, la razón: el uso masivo de teléfonos inteligentes, la calidad de los servicios y una cultura más habituada a compartir. Didi Chuxing es el equivalente de Uber y Tujia.com el de Airbnb; Chongquing conecta personas para compartir automóviles y alcanzó 80.000 registros en dos meses. De acuerdo a un artículo publicado en mayo del 2017 en el portal del China Daily la economía colaborativa tendrá un crecimiento anual del 40% en ese país, las estadísticas indican que en el año 2016 se realizaron transacciones que superaron los 520 billones de dólares y que más de 600 millones de personas participaron la economía colaborativa de China, además de que este sector generó 5,85 millones de puestos de trabajo.

Los expertos también están registrando beneficios para el medio ambiente por los cambios que se producen en los patrones de comportamiento, los efectos positivos que ha generado la irrupción del consumo colaborativo pasan por promover la reducción de emisiones de $Co2$ al favorecer una menor producción de recursos excesivos y migrar hacia la producción efectiva de recursos de calidad que serán reutilizados y aprovechados al máximo a través del alquiler, préstamo o intercambio, surge aquí la mentalidad de fabricar productos duraderos que soporten estos hábitos y por otro lado el cambio cultural hacia formas de consumo más racionales.

En el ámbito del conocimiento surge un importante cambio respecto a la manera de difundirse. A través de la economía colaborativa se ha logrado que el conocimiento pueda ser compartido indefinidamente, sin trabas legales, sociales o tecnológicas, de forma directa y amplia. Estas iniciativas son denominadas conocimiento abierto y abarcan la creación de software libre, el open design y el open hardware. El ejemplo más conocido es Wikipedia, la enciclopedia digital de acceso libre y gratuito, que tiene más de 37 millones de artículos redactados colaborativamente en más de 287 idiomas.

A raíz de esta exposición libre del conocimiento han surgido iniciativas que llaman a producir en colaboración o en red, es decir, personas que se unen con el fin de alcanzar resultados de un proyecto sobre la base del conocimiento, el trabajo se realiza en masa usando la tecnología para que muchas personas puedan colaborar. Este sistema productivo se ha usado con éxito en campos del diseño, la arquitectura y la ingeniería industrial y es coincidente con la rápida evolución de la impresión 3D.

En materia financiera hay un impresionante movimiento colaborativo que abarca microcréditos, financiación colectiva, préstamos y ahorros sociales que tienen en común la ausencia de la intermediación de una institución financiera tradicional, aquí las transacciones son directas entre sus actores y regularmente a través de una plataforma en línea.

Sin duda, la economía colaborativa está irrumpiendo fuertemente en el mercado y cambiando varios paradigmas, sus defensores creen que sobre la base del consumo colaborativo pueden ser resueltos una gran cantidad de problemas globales y que bajo este sistema, todos pueden acceder a recursos y oportunidades para mejorar la calidad de vida de los habitantes del planeta. Este escenario es posible en la actualidad por la aparición del desarrollo tecnológico y supone como nunca antes la interacción de personas generando valor tanto económico como social.

7. MARCO REGULATORIO Y RETOS POR AFRONTAR

"El fracaso es la oportunidad de comenzar otra vez, esta vez con más inteligencia"
Henry Ford. Empresario

"En la hora de la adversidad no pierdas la esperanza, porque la lluvia cristalina cae de las nubes negras"
Poema Persa

El crecimiento exponencial de la economía colaborativa ha puesto en jaque a muchos sectores tradicionales que no están muy contentos con el avance y la incidencia que ha tenido este sistema en sus resultados financieros, estos sectores se han visto severamente afectados y se consideran indefensos ante este nuevo escenario que los arropa. Son notables las protestas y manifestaciones de los taxistas en las más importantes ciudades a nivel mundial en contra de Uber, reclamando regulaciones y sanciones para la empresa.

En Madrid se prohibió el uso de la plataforma puesto que los taxistas convencionales por ley están obligados a poseer licencias, pagos por afiliación, seguros especiales que son más costosos por cuanto el riesgo de acuerdo a las empresas aseguradoras es más alto en este sector, además de pagar impuestos por las rentas obtenidas, gastos éstos que no se incurre al ser conductor particular de Uber, lo que trajo como consecuencia, que muchos taxistas se reconvirtieran y usaran la plataforma para evadir estas obligaciones.

La principal acusación contra Uber y otras plataformas similares que han surgido después de ésta, es la competencia desleal puesto que en los países donde el servicio se encuentra regulado y controlado por sus gobiernos locales, los taxistas deben pagar tasas y contribuciones especiales, mientras que los conductores privados no; pero, por otro lado, la mayoría de los usuarios alegan que se han visto favorecidos, pues el servicio es más económico y de calidad, lo que lleva a preferir el uso de estas plataformas. En este caso, la justicia europea parece estar inclinándose a favor de la necesaria intervención a través de una efectiva regulación.

En conclusiones presentadas en el mes de mayo de 2017, la Abogada General del Tribunal de Justicia de la Unión Europea ha mencionado que "pese a que Uber es una plataforma innovadora, de carácter digital, los servicios que prestan son de transporte" por lo tanto son susceptibles de regulación en cuanto a sus actividades y por supuesto en la protección de sus usuarios, conclusiones que no son vinculantes pero que sin duda alguna dan luces respecto a una pronta regulación en la materia.

En la ciudad de Nueva York se prohibió alquilar apartamentos enteros por menos de 30 días y la sanción por incumplimiento es de 7.500 dólares. Se estima que el uso masivo de Airbnb bajó la tasa de disponibilidad de espacios a un 5% en esa ciudad. En San Francisco se obligó a los anfitriones a inscribirse en un registro, pagar impuestos de ocupación y contratar seguros de responsabilidad civil y sólo puede ser rentada una propiedad por un máximo de 90 días al año. En Los Ángeles se han hecho denuncias sobre propietarios con control de renta, que han desalojados a sus inquilinos para ofrecer las casas en Airbnb y la fiscalía ha intervenido en favor de la protección de los derechos de los inquilinos.

En Berlín las autoridades han reportado que más de 10.000 hogares han salido del mercado debido a que ahora son usados para ser rentados como espacios vacacionales en Airbnb, por que el gobierno ha decidido actuar severamente e imponer reglas y sanciones. Los propietarios sólo pueden alquilar hasta un 50% de la casa en donde residen, las casas completas sólo pueden ser alquiladas bajo criterios especiales y la multa por incumplimiento puede alcanzar los 106.000 dólares, lo que ha frenado el crecimiento exponencial de Airbnb en esa ciudad, pero el crecimiento se mantiene; el problema es que se saquen viviendas del mercado para convertirlas en alquileres vacacionales.

En materia laboral, El Reino Unido a través de una decisión de un tribunal laboral dictaminó que los conductores de Uber no son trabajadores independientes, son considerados empleados que mantienen una relación de dependencia con todos los beneficios que la ley contempla. En Estados Unidos algunos tribunales han fallado a favor de Uber y otros han reconocido la existencia de una relación laboral, mientras que en Bélgica se considera que no existe relación laboral en este tipo de prestación de servicios, todo esto a partir de demandas que se han introducido por la falta de un instrumento legal claro que regule las responsabilidades, obligaciones y derechos en estas relaciones.

Los usuarios que de alguna manera han vivido experiencias negativas o que se consideran afectados al hacer uso de este tipo de plataformas también requieren de una normativa que los proteja y que regule los deberes y derechos de quienes interactúan bajo este sistema y están presionando para que se redacte una regulación sobre la responsabilidad.

Por todas estas circunstancias que rompen con las prácticas tradicionales de mercado, los gobiernos de todo el mundo se han visto en la necesidad urgente de intervenir. La Comisión Europea ha redactado una serie de recomendaciones de carácter no vinculantes a sus Estados miembros con el objeto de ayudar a concebir regulaciones a las actividades que se realizan dentro de la economía colaborativa y proporciona luces sobre la forma de aplicar la legislación vigente en un sector cuyo crecimiento es exponencial.

En materia de responsabilidad, indica el informe, que las plataformas pueden ser responsables por los servicios que ellas mismas ofrecen, como por ejemplo servicios de pago y hace un llamado para que se adopten medidas en contra de contenidos ilegales y fomentar la confianza como valor imprescindible en este tipo de plataformas.

En cuanto a temas laborales La Comisión sugiere que se tomen en cuenta los criterios de relación de subordinación, naturaleza del trabajo o remuneración para determinar cuando existe una relación laboral.

En materia fiscal se recomienda la inclusión de la obligación de pagar impuestos y tributos relativos a renta, impuestos a sociedades e impuesto al valor añadido a las partes que pudieran estar obligadas y se insta a los Estados miembros a aclarar y simplificar las normativas legales aplicables a la economía colaborativa. Por último La Comisión Europea se comprometió a monitorear permanentemente la evolución de precios y la calidad de los servicios y productos ofrecidos en el marco de la economía colaborativa, así como a estudiar diferencias y obstáculos en las legislaciones vigentes y lagunas reglamentarias con el fin de orientar respecto la creación de un marco jurídico que genere certidumbre en este sector.

En América Latina la situación no es diferente. La economía colaborativa ha crecido de una manera substancial con Brasil, México, Argentina y Perú a la cabeza, de acuerdo al informe publicado en abril del 2016 por la Escuela de Negocios IE Bussiness School y el Banco Interamericano de Desarrollo (BID) denominado 'Economía colaborativa en América Latina' en estos cuatro países se concentran el 69% de iniciativas.

Ciudades como Río de Janeiro, Buenos Aires, Santiago de Chile, Montevideo y Medellín, comenzaron a aprovechar los recursos que ofrece la economía colaborativa para incentivar el turismo, promover el deporte y el manejo de residuos sólidos así como canal para reclamos y denuncias. En cuanto el sector privado, el informe señala el transporte, el turismo y servicios como los sectores en donde más han surgido plataformas de consumo colaborativo. Se destaca el potencial generador de ingresos de estas iniciativas y la posibilidad de construir microempresas y con ello fomentar el emprendimiento, así como el impulso de los ciudadanos del uso de la economía colaborativa como alternativa para generar ingresos adicionales.

Entre los obstáculos que se aducen en el informe, se mencionan la desconfianza por parte de los usuarios, la dificultad para acceder a financiación para iniciar o hacer crecer plataformas y la baja disponibilidad de plataformas de pago seguras que acrecienten la confianza en el sector, pero a pesar de que en América Latina la economía colaborativa aún parece estar en la infancia, lo cierto es que el interés de los usuarios persiste y seguramente, pronto surjan modelos locales que impulsen su crecimiento acelerado, este escenario de esperanza afianza la teoría de que estamos frente a un nuevo sistema económico que llego para quedarse, con todas sus luces y algunos lados oscuros.

Mucho se está hablando del modelo mercantilista que en algunos casos se ha acentuado y del abuso al sustituir los principios de cooperación y compartir por una economización de las relaciones colaborativas, sin contar las acusaciones a algunas empresas a las que se les señala de aprovechar este sistema para convertirse en monopolios del sector donde se desenvuelven, así como la opacidad y falta de regulación de las actividades que realizan.

Pero por otro lado surgen los defensores del consumo colaborativo que aducen, que definitivamente es necesario comenzar a desregularizar algunos sectores tradicionales y comprender que la economía colaborativa amplía la oferta de servicios y mejora la calidad de los mismos, por lo tanto dinamiza el mercado, además de que permite también la obtención de ingresos complementarios y abre la puerta al disfrute de algunos servicios o bienes a un sector de la población que antes no podía acceder a ellos.

Aún queda mucho por resolver y aunque la discusión sobre los pro y los contra de la economía colaborativa apenas está empezando, este nuevo sistema es una realidad y su crecimiento es imparable, Arun Sundararajan, profesor de la Universidad de Nueva York y autor de "The Sharing Economy", dijo en un seminario realizado en Beijing el 13 de mayo de

2017 "que este nuevo capitalismo basado en la aglomeración de personas está prosperando en todo el mundo, facilitando un modo de consumo de activos y da luz a casi todos los aspectos de la vida", indicó además que "la economía compartida se está convirtiendo en una tendencia importante, y eventualmente todo lo que se puede compartir será compartido, siempre y cuando sea ético y legalmente factible".

"Hay un desajuste entre las intervenciones reguladoras del pasado y los nuevos modelos. El conflicto no es sorprendente. Nadie está equivocado. Lo que hay que hacer es reinventar las reglas en lugar de readaptarlas", concluyo el experto.

8. EMPRENDER EN LA ECONOMÍA COLABORATIVA

"Si hubiera preguntado a mis clientes que necesitaban me hubieran contestado que un caballo más rápido"
Henry Ford

"Hacer o no hacer. No sirve intentar, solo hacer"-
Yoda, Maestro Jedi.

La evolución de la tecnología, internet y el impacto de la economía colaborativa en el mundo abrió las puertas a nuevos modelos de consumo y de negocio que sin duda alguna están siendo impulsados principalmente por emprendedores que encontraron nuevas formas de conectar comunidades a través de la creación de plataformas y aplicaciones novedosas y también a nuevas formas de emprender, que no requieren el desembolso de grandes cantidades de dinero para comenzar a funcionar, además de que ahora es posible acceder a importantes activos como el conocimiento, bienes físicos y financiamiento de una manera directa.

La supresión de las barreras que promueve el consumo colaborativo, ha facilitado un entorno en donde se transa de manera directa, la intermediación se reduce sólo al uso de la plataforma tecnológica que los conecta y promueve su encuentro y la elección del bien o servicio se hace a través de la evaluación de la reputación que se haya alcanzado. En este ecosistema el emprendedor se beneficia altamente pues se crean sinergias en torno al ahorro de costos, al máximo aprovechamiento de los recursos y la cooperación como modelo de negocio y vía para apalancar el crecimiento de los beneficios de una empresa.

En junio de 2016 se llevó a cabo en Silicon Valley la Cumbre Mundial de Emprendimiento, con la participación de Barack Obama, el Banco Mundial, Mark Zuckerberg y más de 700 empresas de 170 países de todo el mundo, allí se debatió sobre la importancia de la creación y apoyo en el crecimiento de nuevas empresas en la creación de empleos y desarrollo económico; se recalcó la necesidad de impulsar el crecimiento y creación de empleos locales a través del apoyo a las pymes y a los emprendedores, especialmente aquellos proyectos relacionados con la sostenibilidad y la prestación de servicios.

El Presidente Obama se pronunció al respecto indicando que "el espíritu emprendedor crea nuevos empleos y nuevos negocios, crea nuevas maneras de prestar servicios básicos, crea nuevas maneras de ver el mundo; es el factor que impulsa la prosperidad"

En el evento se remarcó la significación de romper barreras y promover el acceso de las tecnologías en todo el mundo para lograr el desarrollo alcanzar el tan deseado bienestar económico y social, así como la importancia de crear una infraestructura que favorezca el emprendimiento y la conectividad. En el evento se encontraba también Sundar Pichai, consejero delegado de Google, quien se pronunció sobre la importancia de emprender:

"Emprender está en el ADN de Google. Comenzó aquí, en Stanford, en un garaje. Gmail era la pasión de un trabajador. Chrome, como la obsesión de un equipo pequeño que quería hacer la web más rápida. Cardboard ya lleva a más de cinco millones de personas a cualquier lugar. Gracias a Internet cualquiera puede hacer que esto suceda en cualquier punto del planeta"

Crowdsourcing:

El talento humano trabajando unido por una causa.

En el panel de esta Cumbre de Emprendimiento, sentada al lado de Mark Zuckerberg, estaba Mariana Costa Checa, una joven emprendedora del Perú que conquistó a los presentes por los logros que ha alcanzado con Laboratoria, un emprendimiento social que permite a mujeres de bajos recursos y sin educación superior, capacitarse en el sector digital, "Tienes un éxito extraordinario en lo que haces", le dijo Obama a Costa, señalando que el 70% de las mujeres que entraron al programa ya tienen empleo. "Es maravilloso", añadió el presidente.

Mariana Costa Checa decidió emprender cuando detectó la escasa oferta de desarrolladores web en Perú y una vez que encontró el talento que requería, se dio cuenta que el grupo estaba conformado por hombres. Entonces se dijo así misma que era necesario hacer algo; así comenzó a seleccionar mujeres que quisieran participar en el proyecto. Las mujeres de bajos recursos, dice Costa, "están en una desventaja mayor y este es un programa que empodera a las mujeres, les permite tener un trabajo digno, tener buenos ingresos. Esto les permite libertad, construir el futuro que quieran para ellas mismas. Además, la mujer tiende a invertir mucho más en su familia, su comunidad y su entorno. Es una forma de resolver una problemática social". Laboratoria firmó un convenio con el Banco Interamericano de Desarrollo para lograr expandirse por toda América Latina, hoy su emprendimiento ha traspasado fronteras y ya se encuentran en México y Chile

Como Mariana un montón de jóvenes y no tan jóvenes se están atreviendo a emprender y a soñar; la tecnología nos aproxima a un futuro en donde todos tienen acceso a mejores servicios y mejor calidad de vida, es una obligación del emprendedor de hoy, encontrar el valor que aporta su emprendimiento, allí es donde radica la sostenibilidad de su proyecto en el tiempo, en la capacidad de dar valor, en la capacidad de resolver problemas y de resolverlos a escala.

"Siempre me molestó la diferencia entre los que tienen dinero, y por tanto pueden pagar una educación de Harvard, y los que no lo tienen y apenas aprenden a leer y escribir" ha comentado Luis Von Ahn cuando le preguntan sobre la razón por la que creó Duolingo, una aplicación que permite a sus usuarios aprender idiomas de forma gratuita y que está desarrollado como un juego. La motivación de crear la plataforma surge de su experiencia personal, es profesor y nació en Guatemala, un país pobre donde la mayoría de las personas no tienen recursos económicos que les permita acceder a una mejor educación, su ilusión: poder proporcionar enseñanza de idiomas a quienes no tienen acceso a estudiarlo por métodos tradicionales; de allí que se propusiera crear un sistema que permitiera estudiar idiomas gratis.

Von Ahn ideó un modelo de negocio que consiste en entregar a los usuarios de la plataforma contenidos para que sean traducidos por ellos, mientras practican el idioma; estas traducciones son compradas por grandes empresas como CNN o Buzzfeed quienes se benefician por obtener servicios de traducción en menor tiempo y a precios por debajo del mercado. De esa manera el creador de Duolingo, ha logrado que personas de todo el mundo puedan acceder a una plataforma de educación de primer nivel, premiada en numerosas ocasiones y completamente gratis para el usuario, percibiendo lucrativos ingresos.

Este modelo de negocios es denominado

Crowdsourcing y consiste en la tercerización abierta de tareas, Luis Von Ahn es considerado uno de los pioneros en desarrollarla idea y es una solución a proyectos que requieren grandes cantidades de trabajo y que pueden ser llevadas a cabo por comunidades masivas de especialistas, de esta forma, se consiguen resultados en menor tiempo y con mayor calidad.

Duolingo es usada por más de 170 millones de personas en el mundo, incluido Bill Gates, quien está aprendiendo francés; es una plataforma que ha roto esquemas y que presenta una solución a quienes no tengan recursos para pagar el aprendizaje de idiomas en escuelas tradicionales, de hecho la plataforma está siendo en escuelas públicas de algunos países en vías de desarrollo para que sus alumnos aprendan inglés de una forma divertida, efectiva y gratuita. La mayor parte de las personas que estudian inglés lo hace para mejorar sus oportunidades de trabajo, esperando poder alcanzar mejores ingresos y con ello mayor estabilidad económica, pero no tienen los recursos para pagar las mejores escuelas, el poder darle acceso gratis a mejor formación a quienes lo deseen, sin duda alguna representa una solución social y coadyuva al empoderamiento de personas con menos recursos. "Eso es lo que más me llena de orgullo, que la persona más rica del mundo y personas de escuelas públicas usen el mismo sistema para aprender. Eso quiere decir que más dinero no puede comprar una mejor educación y eso es lo que queremos hacer con Duolingo" ha dicho Luis Van Ahn .

El crowdsourcing es una tendencia basada en el consumo colaborativo que también está impactando la forma en como las grandes corporaciones hacen negocios y es una manera de apalancar el crecimiento de una empresa. Según un artículo publicado en el portal de Forbes el 04 de diciembre de 2015, una plataforma de cowdsourcing llamada Eyeka publicó un informe que examinaba el crecimiento de esta tendencia y como 100 de las mejores marcas globales la han usado desde el 2004.

De acuerdo a este informe el 85% de las marcas globales ha usado el crowdsourcing en los últimos 10 años, siendo las principales Procter & Gamble, Unilever y Nestlé. Mc Donalds creó una campaña en el Reino Unido para que los usuarios crearan el nombre y los ingredientes virtuales de las hamburguesas a su antojo, esto aumento la popularidad de la marca en el país. Lego lanzó una plataforma para que sus fans crearan los modelos y figuras que quieran, estas propuestas son valoradas por la comunidad de la plataforma, el modelo que llegue a 10 mil puntos es evaluado por la compañía y si es aceptado, pasa a ser producido en masa, dándole reconocimiento a sus fans e incluso parte de las ganancias. Jeff Bezos, el creador de Amazon ha lanzado en twitter en junio de 2017 una convocatoria abierta al público, ha hecho una solicitud de ideas para generar una estrategia de filantropía que tenga impacto inmediato "combinando la necesidad urgente y el impacto duradero" "Si usted tiene ideas, conteste a este tweet con la idea (y si piensa que este planteamiento es incorrecto, amaría oír eso también)". La propuesta recibió más de 15.000 respuestas en menos de 24 horas y esperamos ver pronto las acciones que Jeff Bezos desplegará a partir de esta iniciativa.

9. LA FINANCIACIÓN COLECTIVA

"Hagamos una vaca"
Dicho popular

"El espíritu emprendedor crea nuevos
empleos y nuevos negocios, crea
nuevas maneras de prestar servicios básicos,
crea nuevas maneras de ver el mundo;
es el factor que impulsa la prosperidad"
Barack Obama

La Falta de Dinero ya no es un problema si quieres emprender:

Crowdfunding, playfunding

Esta corriente de unir el talento humano en torno

a un mismo objetivo usando medios tecnológicos ha registrado una importante aceptación a nivel mundial, es un hecho, a las personas les gusta cooperar si se sienten identificados de alguna manera con los objetivos, por ello no es de extrañar que sigan apareciendo plataformas e iniciativas que promueven el modelo colaborativo; ya hablamos del crowdsourcing que abrió las puertas a infinitas posibilidades de contribución masiva. Por otro lado otra tendencia que ha tenido un crecimiento exponencial es el crowdfunding o financiación colectiva, que consiste en el apoyo económico de varios contribuyentes a través de una plataforma para financiar un proyecto.

Este sistema está siendo muy utilizado por los emprendedores como alternativa a instituciones financieras para producir sus productos o comenzar una empresa, ofrece una excelente opción a los tradicionales préstamos bancarios que le exige un perfil al emprendedor, mientras que con esta tendencia el gran protagonista es el proyecto, este modelo potencia de muchas maneras la idea y apalanca al emprendedor en sus objetivos.

Solicitar financiamiento usando estas plataformas para comenzar un proyecto empresarial, tiene muchas ventajas para el emprendedor, la principal por supuesto es obtener el dinero que necesita para poder poner en marcha un proyecto, producir un bien o empezar una empresa. Para lograr alcanzar el éxito en la recaudación es importante plantearse muy claramente cuáles son los objetivos y luego hay que trasmitirlos en la plataforma de una manera muy sencilla pero sobre todo atractiva, se deben tener muy claros también que recibirán quienes aporten en tu campaña, normalmente se distinguen dos tipos de crowdfunding, uno de donación o recompensa y otro de inversión, en cualquiera de los dos casos, es necesario preparar muy bien una campaña con el fin de maximizar los resultados.

Consejos que recomiendan los expertos para levantar capital a través del crowdfunding:

1. **Hacer una pre-campaña.** Los expertos recomiendan preparar una página en Facebook o una web, así cuando la campaña arranque oficialmente, esta información te servirá de apoyo.
2. **Construye tu red.** Sencillo. Avisa a tu circulo de familiares y amigos que has comenzado esta iniciativa y pídeles que te ayuden, ya sea haciendo un aporte o difundiendo por sus redes sociales, debes ser muy activo con tu comunidad para aumentar visibilidad y mantener viva la campaña.
3. **Elige la plataforma que mejor se adapte a tu proyecto.** Investiga que plataforma es más conveniente de acuerdo a tus objetivos, por ejemplo si quienes aporten recibirán algún tipo de recompensa como una entrada si fuera un evento o el producto si estuvieras desarrollando uno, convendría una plataforma como Kickstarter, Indiegogo o una similar. Si se tratara de una donación pudieras evaluar GoFundMe.
4. **Investiga tu mercado.** Reúne la mayor información que puedas sobre el público a quien quieres dirigirte, quienes son las personas que eventualmente te pudieran apoyar, bien porque les

guste el producto o porque se interesen en tu proyecto; puedes apoyarte con grupos de Facebook, blogueros y redes sociales.

5. **Presupuesto**. Elabora un presupuesto detallado que soporte el monto que estas solicitando, eso te servirá para saber cuánto realmente necesitas y por supuesto le dará seriedad a la propuesta.

6. **Plan de comunicación**. Haz un buen video que explique con detalle de una manera sencilla y atractiva en que consiste tu proyecto y porque es importante que te apoyen, nunca pidas dinero, solicita apoyo. Cuenta una historia con la que tu mercado pueda identificarse y explica para que necesitas los fondos, esto también te servirá para validar tu idea, la respuesta del público en esta etapa será una buena fuente de información para tu proyecto y podrás ajustar los detalles que creas que pueden hacer funcionar mejor tu producto.

7. **Si vas a prometer recompensas** es importante que sean verdaderamente atractivas y estimulen al público a participar en esta etapa del proyecto y te apoyen en la campaña, por último pero no menos importante, haz una proyección de tiempo que necesitas para la ejecución de tu idea, incluyendo posibles retrasos y luego estipula una fecha de entrega, es preferible que preveas un poco más de tiempo y así cumplir con tus promesas.

8. **Difunde tu campaña** por las redes sociales, elige adecuadamente cuál de ellas le conviene más a tu proyecto.

9. **Es vital estar disponible en todo momento** una vez que actives la campaña, de esta manera es más fácil responder directamente dudas y consultas sobre tu proyecto y además construir una relación con

tu público.

10. Una vez que hayas obtenido el apoyo que necesitas, **mantén una relación cercana con tus inversores**, ellos pueden convertirse en embajadores de tu marca, hazlos participes de los avances y continua promoviendo a través de ellos tu proyecto.

11. **Tips**. Usa herramientas digitales y aplicaciones que te ayuden a sobrellevar este proceso de una manera más sencilla, a través de ellas puedes: programa tus redes sociales, organiza tu agenda, controlar inventarios, aprovecha las aplicaciones de diseño y editores de video, crea páginas web y mucho más, benefíciate al máximo de las herramientas digitales que nos ofrece la tecnología.

Más ventajas del Crowdfunding:

Visibilidad y Marketing. Validación de la idea.

Además de lograr obtener el dinero que se requiere para arrancar su proyecto, existen muchas otras ventajas que pueden ser aprovechadas cuando se lanza una campaña de este tipo. El crowdfunding puede ser una poderosa herramienta de marketing, de visibilidad y de validación de la idea en el mercado, de hecho es una estrategia cada vez más usada por grandes corporaciones como Honda y American Express; Coca Cola patrocinó una iniciativa para proporcionar aguas limpias en zonas rurales de México y le mostró al mercado global que la empresa tiene también loables intereses, lo que logró posicionar la marca como responsable y solidaria, una campaña que hecha de un modo tradicional, hubiera costado millones de dólares.

Dodge Cart creó en el año 2013 una campaña de crowdfunding que permitía que amigos y familiares de una persona le ayudaran a financiar la compra de su vehículo, en la campaña se invitaba a que quienes quisieran aportar, pagaran partes del automóvil que ayudarían a ensamblarlo, de igual manera se estimuló la compra de un vehículo en grupos; todo esto duplicó las ventas de Dodge para el último trimestre de la campaña.

Uno de los mayores valores del crowdfunding es la visibilidad que le da al proyecto, así es posible que además de inversores, el emprendedor pueda conseguir alianzas, socios y hasta mentores que una vez interesados en la idea, puedan con su experiencia, recursos y contactos, catapultar el proyecto del emprendedor. Es posible también a través de las opiniones que reciba el proyecto ajustar el producto de acuerdo a las necesidades del mercado. El crowdfunding también es una atractiva forma de involucrar a los primeros clientes de un proyecto en la construcción y diseño del mismo, los cuales se pueden convertir después en embajadores y promotores de la marca.

Entre las plataformas más potentes de crowdfunding en la actualidad están Kickstarter con propuestas de todo tipo, considerada la más grande del sector por la cantidad de proyectos y recursos, ha recaudado más de 2.000 millones de dólares desde su fundación y 500 millones de dólares sólo en el 2014;

Indiegogo que tiene una categoría especial para emprendedores y permite que el proyecto sea evaluado por los miembros de esa comunidad, opera en 223 países y ha logrado recaudar un billón de dólares; Ulule, con liderazgo en Europa; en América Latina destacan Idea.me que está presente en Chile, Argentina, Brasil, Colombia, Uruguay y México; Fondeadora en México, Lanzanos, Rocket Hub y Crowfunder que permite ofrecer participación accionaria en la empresa del emprendedor.

"Hiral Sanghavi necesitaba 20.000 dólares en Kickstarter para financiar su chaqueta BauBax para viajes. Él superó con creces ese objetivo y obtuvo 9 millones de dólares" dice la nota del portal digital de CNN en español del 04 de septiembre de 2015; se trataba de una chaqueta viajera con 15 funciones integradas, entre las que destaca una pequeña almohadilla en el cuello, muy útil para viajes en aviones y autobuses, la capucha puede ser usada como antifaz para evitar la molestia de la luz mientras se duerme; bolígrafo incorporado en un cierre, así como bolsillos internos para tablet, batería externa, audífonos, lentes, guantes, pasaporte y una botella; de esta forma comenzó la historia de este emprendedor en el mundo del crowdfunding, la propuesta consistía en hacer la compra de la chaqueta antes de que fuera fabricada, Sanghavi requería 20.000 dólares para iniciar su producción, se ofertaban cuatro modelos disponibles y el más económico se encontraba sobre los 80 dólares.

Él éxito marcó un record en la historia de la recaudación de fondos a través del crowdfunding para una prenda de vestir. Por supuesto que además de la increíble cantidad de dinero recaudada, la chaqueta obtuvo mucha publicidad, así como la aprobación del mercado mucho antes de que se empezara a fabricar y a pesar de que tuvo algunos inconvenientes con la cadena de suministro que generaron retrasos, las chaquetas BauBax fueron finalmente entregadas a sus compradores.

Sanghavi volvió con su empresa a Kickstarter en el 2016, esta vez, con una innovadora propuesta que consistió en incorporar cargadores inalámbricos de teléfonos celulares a chaquetas, pantalones y shorts. Para el emprendedor la segunda campaña no se trató de dinero, fue más bien acerca de la validación de mercado, "queríamos saber si realmente había una necesidad de producto".

Crowdfunding de Capital.

Otra ventaja del crowdfunding para un emprendedor es que abre las puertas a compartir el riesgo cuando existe un proyecto que requiere un aporte importante de capital, esto se hace a través del crowdfunding de equity o de capital donde se puede ofrecer a los inversores que aporten dinero en una empresa a cambio de tener una participación accionaria en la compañía y por otro lado tenemos el crowdlending que se refiere a la posibilidad de financiar un proyecto a través de un préstamo.

El crowdfunding de capital surgió como una atractiva manera de persuadir a los posibles inversores de un proyecto de crowdfunding para que aporten dinero a cambio de obtener una contraprestación que les pueda generar en el tiempo rentas o participación accionaria sobre una empresa, por lo regular la empresa ya está constituida y existe un proyecto sobre el cual se realizan cálculos económicos, financieros y de desarrollo de negocios que puedan atraen inversores a la empresa.

Las ventajas para del crowdfunding de capital para un inversor es la posibilidad de obtener una rentabilidad y una revalorización con el tiempo, cuando el proyecto es un éxito, por otro lado, en caso de que las cosas no resulten, no existen garantías ni devoluciones, pero un inversor que analice las ofertas de este mercado puede verse beneficiado si diversifica los proyectos en los cuales invierte, normalmente las plataformas especializadas ofrecen información sobre cuáles son los proyectos que parezcan más atractivos, con mayor viabilidad y potencial de crecimiento.

Las plataformas de crowdfunding especializadas en bienes raíces, han reportado un importante crecimiento a nivel mundial; en sector las personas que invierten lo hacen porque se sienten más seguras pues están apostando su dinero a una propiedad, aunque esto en la realidad no es del todo cierto, pues el sector sigue siendo volátil en muchos mercados, además de que es substancial revisar muy bien los proyectos e investigar la plataforma.

Crowdlending o préstamo colectivo

El crowdlending es otro sistema de financiación colectiva que está siendo muy usado por emprendedores y también por empresas ya establecidas que desean crecer; el atractivo para los inversores es que aportan su dinero como préstamo a cambio de obtener un tipo de interés. Es una alternativa que ha generado mucho encanto a los inversores pues les atrae la posibilidad de generar rentabilidad por los intereses sobre el monto que han prestado. Como en todas las tendencias de consumo colaborativo el crowdlending ha visto un crecimiento exponencial en los últimos años que por lo pronto no parece descender, aunque también tiene riesgos para los inversores; por ejemplo la posibilidad de que no se cumplan con los pagos, aún muchas plataformas no han podido estimar la tasa de morosidad en sus sistemas pero intentan cubrir los riesgos exigiendo estrictos requisitos a quienes optan por solicitar financiamiento allí para minimizar las probabilidades de impago.

10. EMPRENDER CON ÉXITO CREANDO PLATAFORMAS QUE CONECTAN PERSONAS.

"Eso es lo que necesita un emprendedor:
un optimismo irracional"
Joe Gebbia, fundador de Airbnb

Por no tener para pagar la renta...

"Estamos en San Francisco (California). Mi compañero de cuarto y yo renunciamos a nuestros trabajos para ser emprendedores. Nos llega una carta del dueño del apartamento que nos informa que subirá el alquiler un 25 por ciento. No teníamos cómo pagar eso. Estoy sentado en la sala, con la mirada perdida sobre mi 'laptop' abierta. De pronto, leo sobre una conferencia de diseño que se hará en breve en San Francisco. Es tan pero tan importante que todos los hoteles están llenos. No hay un solo lugar para hospedarse. Levanto la vista y veo el espacio disponible en mi sala: ¿qué pasa si hospedamos a diseñadores en nuestra casa? Podemos resolverles el problema y nosotros juntar la plata que necesitamos para pagar el arriendo. Saco el colchón inflable del armario y llamo a mi compañero, Brian (Chesky, el cofundador de Airbnb); le parece genial. Después, decidimos darles más: pasamos a buscarlos en el aeropuerto, les ofrecimos un mapa de San Francisco y les preparamos el desayuno. Así nació la idea Airbnb" cuenta Joe Gebbia, fundador de la plataforma, en una entrevista para El Diario La Nación durante una visita a Argentina en junio de 2017 y que fuera replicada en el portal del Diario El Tiempo de Colombia.

Hoy parece sencillo contar la historia de cómo comenzó el mayor marketplace del mundo en donde se publican y alquilan espacios disponibles para que un viajero pueda hospedarse, pero los comienzos de la empresa, fueron como para cualquier emprendedor duros y llenos de lecciones. Sus fundadores han compartido en conferencias y entrevistas sus inicios, cuentan que ningún inversor en principio quiso apostar a la idea, les costaba creer que la gente estaría dispuesta a confiar en una plataforma que los invitara a alquilarle un espacio de su casa a un turista y menos que un viajero iba a preferir hospedarse en la casa de un extraño que en un hotel. Simplemente era un locura pensar que siquiera sería posible que hubiera un mercado; hoy la comunidad de Airbnb cuenta con alrededor de dos millones de espacios para hospedar y de acuerdo al sitio de la empresa en internet, desde su creación se han realizado 10 millones de reservas.

Como emprendedores Brian Chesky y Joe Gebbia, ambos profesionales de diseño industrial, tuvieron que lanzar varias veces Airbnb y reconfigurar su modelo de negocio para que pudiera funcionar. Al principio abrieron una página web: airbedandbreakfast.com, allí ofrecían la posibilidad de hospedarse en la ciudad de San Francisco con un desayuno casero incluido y pagando mucho menos que la tarifa de un hotel. Al aparecer los primeros clientes, los emprendedores resolvieron su problema y pagaron la renta, además de que comenzaron a generar ingresos desde el principio, perciben que puede haber mercado para la idea y deciden mejorar sus servicios invitando a sus huéspedes a recorrer la ciudad, en esta fase estaban validando la idea de negocio.

Transcurrido unos pocos meses descubren que el proyecto puede ser escalable. En ese momento comienzan a pensar que si replican la idea para que otras personas que tuvieran espacio en la ciudad de San Francisco hicieran lo mismo y alquilaran el espacio a turistas, todo esto a través de una página web pueden crecer y conseguir un negocio rentable; como no sabían hacer los cambios que requería la página web, buscan a un antiguo amigo ingeniero de la universidad, Nathan Blecharczyk. Realizan los cambios necesarios y comienzan a crecer pero muy lentamente, de hecho mucho más lento de lo que los fundadores de Airbnb esperaban.

Para este momento entienden que necesitan publicidad y se les ocurre vender por 40 dólares cada una, cajas de cereales personalizadas de Barack Obama y John McClain en la convención nacional del partido demócrata que se celebró en el año 2008 en la ciudad de San Francisco, con la venta de los cereales obtienen 20.000 dólares y si bien registran un crecimiento lento, descubren que necesitan una estrategia de marketing profesional para crecer más rápido. Es en ese momento cuando empiezan a acudir a financiación externa y a solicitar mentoría especializada que les garantice adquirir las aptitudes y competencias que requieren para hacer crecer el negocio de una manera importante.

En 2009 consiguen que la aceleradora Y Combinator los apoye, allí reciben asesoramiento, formación y 20.000 dólares para impulsar el crecimiento de la empresa. En esta etapa se centraron en asegurarse que los usuarios repitieran la experiencia dentro de la plataforma una vez que la conocieran, es lo que se conoce como engagement o fidelización del cliente. Aquí se enfocaron en mejorar la experiencia del cliente para que quisiera retornar a la plataforma una y otra vez; un punto significativo fue el que procurar constantemente elevar los niveles de confianza en la comunidad de usuarios. Reciben una nueva ronda de financiación de 600.000 dólares que les permite hacer crecer el equipo a 15 personas, hacer mejoras sustanciales en la plataforma e impulsar la visibilidad de la empresa a través de estrategias de marketing.

Llega la primavera del 2010 y aunque han avanzado no consiguen el crecimiento esperado, si bien los socios de la empresa están apostando a la solidez de la empresa que les ofrezca sostenibilidad en el tiempo, no consiguen alcanzar las metas previstas para ese momento. Para el verano de ese mismo año debían lanzar un nuevo test de la plataforma y deciden arriesgarse doblemente; lanzan el servicio en Nueva York, contratan fotógrafos profesionales que se encarguen de obtener las mejores muestras de los hospedajes que ofrecía la plataforma. Las imágenes profesionales hicieron mucho más llamativos los hospedajes y la fórmula despega a un crecimiento exponencial. Incorporan en su estrategia el acompañamiento al usuario a través de mail marketing, felicitaciones, invitaciones, recomendaciones de destinos, se trata de provocar en los usuarios la idea de viajar y usar Airbnb al elegir hospedaje.

Finalmente a finales de 2010 consiguen el tan ansiado despegue y otra ronda de financiamiento por siete millones de dólares que les permitirá en el 2011 comenzar a conquistar mercados foráneos. Su crecimiento no ha sido recibida del todo bien, sobre todo por sectores como el hotelero que se ve severamente amenazado como lo hemos explicado en capítulos anteriores, sin embargo su éxito en la comunidad de usuarios que por un lado se ve beneficiado con ofertas más económicas de hospedaje y por el otro, el impulso a los emprendedores que al convertirse en anfitriones de un espacio, reciben importantes ingresos, parece que seguirá impulsando el crecimiento de la empresa.

Los fundadores de Airbnb han compartido con el mundo las lecciones aprendidas en su camino, no ha sido fácil, como ellos mismos lo han mencionado en varias oportunidades, pero su éxito se ha basado en creer en su idea, ser persistentes, capacitarse adecuadamente, buscar ayuda, hacer ajustes rápidos y centrarse en el usuario; han afrontado tormentas y saben que vendrán nuevos retos, sin embargo, están preparados para ello y apuestan por un futuro en donde sigan conquistando espacios y empoderando los usuarios de su inmensa comunidad.

*"Aprendí que es mejor pedir perdón
que pedir permiso."*
Nono Ruiz, fundador de Chicfy

Gastar menos que un mechero

En España el joven emprendedor del consumo colaborativo, Nono Ruíz ha compartido anécdotas y detalles sobre su emprendimiento en el mundo de la moda y la venta de ropa de segunda mano en conferencias y entrevistas con medios de comunicación, hoy son un boom y un ejemplo de perseverancia. Su historia comienza en el 2006 cuando Nono Ruiz y su pareja Laura Muñoz, trabajaban juntos en el mundo de la moda y deciden dejar sus trabajos para "montar" algo; piden un préstamo a sus respectivos padres por el orden de 80.000 euros y aunque la idea inicial era que el negocio vendiera zapatos, terminaron abriendo un bar, el negocio funcionó bien pero sólo les daba para pagar los gastos justos, por año y medio trabajaron muchas horas al día y finalmente se dieron cuenta de que no era el sector que les gustaba y que tampoco estaban recibiendo las ganancias que esperaban, lo traspasaron y se quedaron con la deuda a cuestas.

Volvieron a trabajar para diferentes empresas en 2008, el que ha sido reportado como el peor año de la crisis española, ganando 1.000 euros al mes y con una deuda que Nono calculaba debía terminar de pagar en los siguientes 16 años. Los días pasaban, intentaban hacer cosas que salían peor y la deuda se incrementaba, sin recursos se volvieron pesimistas, sin embargo como dijo el mismo Nono, "las ideas son gratis" y se le ocurrió participar en un programa de concursos de televisión española llamado Atrapa Un Millón, analizó la dinámica y decidió ir y presentarse con su historia de pareja emprendedora que había tenido una muy mala experiencia pero que quería pasársela muy bien en el concurso y aportar toda su energía y simpatía para ganarse al público. Fueron seleccionados y se llevaron el tercer premio del programa, 185.000 euros.

Nono cuenta que la mitad del premio se la quedo Hacienda y con la otra mitad pagaron su deuda, el pequeño diferencial se lo dividieron y continuaron con la idea de montar otro proyecto. En esta etapa Nono se dedicó a capacitarse y a mejorar sus habilidades emprendedoras. En febrero de 2013 lanzaron al mercado Chycfy.com un sitio web donde las mujeres pueden poner a la venta sus prendas y comprarlas a otras chicas, contrataron a una empresa especializada para la construcción de la plataforma y validaron la idea convenciendo a las blogueras más importantes de España para que vendieran la ropa que ya no usaban en la plataforma. Han pasado por varias rondas de financiación, en el 2016 tuvieron más de 46 millones de visitas, vendieron una prenda cada 5 segundos y en el 2017 prevén facturar más de 30 millones de dólares.

Este inquieto emprendedor revela que enfrenta sus errores de forma positiva, "si he cometido un error es por alguna razón positiva" y entre las lecciones aprendidas a lo largo de su trayectoria destaca el aprender a hacer las cosas de una manera simple y económica "Hay que gastar menos que un mechero y exprimir cada euro hasta que no se le pueda sacar más el jugo"; optimizar los resultados siguiendo la regla de conseguir más, haciendo lo menos posible. "Los mayores aciertos de nuestra vida llegan tras los mayores errores de nuestra vida. Chicfy está construido sobre una experiencia emprendedora fallida y hemos utilizado y utilizamos todos los errores anteriores y actuales como fuente de aprendizaje. Nos seguimos equivocando cada momento y lo seguiremos haciendo, pero lo utilizaremos para mejorar cada día".

Es sin duda alguna una historia de inspiración y triunfo basada en la bendición de fracasar y todo el aprendizaje que puede darnos la experiencia, pero también de proponer soluciones creativas y encontrar como darle valor a productos infrautilizados -en este caso prendas de vestir que ya no serán usadas- convirtiendo la fórmula en un éxito absoluto, que además plantea un consumo más responsable y dinamiza la oferta en el sector.

"Vincular la moda con la economía colaborativa ha resultado muy enriquecedor"

En promedio un vestido puede ser reutilizado más de 30 veces

Jennifer Fleiss y Jennifer Hyman se conocieron cuando ambas estudiaban en el Harvard Business School en el año 2007, se hicieron amigas y durante las horas de descanso a menudo conversaban sobre ideas de negocio. El día de acción de gracias de 2008 la hermana de Jennifer Hyman, Becky, usó un vestido de diseñador que había comprado para una boda, le costó 2000 dólares y le contó a su hermana que tenía una enorme deuda en su tarjeta de crédito, entonces Jennifer Hyman le contó la idea a Jennifer Fleiss y comenzaron a validar una idea, la renta de vestidos a través de fotos. Compraron algunos vestidos de lujo y ofrecieron la posibilidad de rentarlos, a través de las fotos y probándoselos directamente; encontraron que a través de ambos sistemas las mujeres accedían a rentar los vestidos. Sin experiencia alguna en tecnología, moda o startups fueron en búsqueda de inversores, obtuvieron 1.8 millones de dólares y así en noviembre de 2009, comenzó The Rent Runway, la plataforma digital de alquiler de vestidos online de alta costura más grande de los Estados Unidos. Allí una mujer puede alquilar por $70 un vestido de la última colección de Calvin Klein ó $30 por un vestido de Vera Wang valorado en 2.295 dólares. Actualmente la compañía está valorada en 500 millones de dólares, tiene en su haber la oferta de vestidos de lujo de más de 120 diseñadores de alta costura y se envían por todo Estados Unidos más de 10 mil vestidos por semana. Pero el camino recorrido no ha sido fácil.

El portal de Forbes México registró en octubre del 2014 una anécdota que hace cuenta de lo que han tenido que atravesar: "Hace cinco años, Jennifer Hyman se encontraba tratando de vender su startup, Rent the Runway, ante una sala de juntas atestada de socios de una famosa firma de capital de riesgo en Boston. Cuando estaba a punto de llegar a la parte donde explicaba el número de veces que podría rentar un vestido, uno de los hombres interrumpió la presentación, la tomó de la mano y le dijo irónicamente: "Eres tan linda. Conseguir ese enorme clóset, jugar con todos esos vestidos y usar los que quieras ¡será tan divertido!". La Ceo de Rent The RunWay cuenta la historia y ríe, dice la entrevista, pero en esos momentos cuenta que se sintió abatida, pero que en vez de llorar y quejarse, decidió que iba a continuar con mayor determinación.

Otra anécdota se refiere a momentos en donde no alcanzaron las proyecciones de crecimiento y tuvieron que moverse rápidamente: encontraron que los datos sobre los gustos de sus clientes, colores, tallas, modelos más buscados, colecciones, entre otros, también era información valiosa, ahora reportan recursos por la recolección de datos que definitivamente interesan a las casas de moda.

Estas emprendedoras demostraron con éxito que tal como ellas mismas lo habían anticipado a través de su propia investigación, en promedio un vestido puede ser reutilizado más de 30 veces y que la mujer tiene una percepción cool sobre rentar, además del plus que significa lucir trajes diferentes en cada ocasión sin sacrificar la tarjeta de crédito; "en consecuencia, vincular la moda con la economía colaborativa ha resultado muy enriquecedor."

"...un modelo en donde terceros serían los que produjeran el contenido"
Miguel Caballero, Fundador de Tutellus

Formación al alcance de todos

A finales del año 2011, Miguel Caballero, un apasionado del emprendimiento y aficionado de la física cuántica, había creado ya tres empresas con experiencias agridulces, la última de ellas había sucumbido por la crisis que afectó severamente a España y que dejó a los ayuntamientos, sus clientes, sin la posibilidad material de poder pagarle; habiendo quedado en muy malas condiciones financieras, su familia le apoyó para poder salir de la crisis; sin embargo, Caballero, un emprendedor que comenzó a dar clases particulares a los 12 años, estaba seguro de que debía continuar en el camino del emprendimiento, creó entonces otra empresa que luego vendió y con toda la experiencia adquirida fundó Tutellus, una plataforma de conocimiento colaborativo.

La historia de la empresa contada por su propio fundador en entrevistas y conferencias, arranca a finales del año 2011 cuando su fundador quiso comenzar a aprender y refrescar conocimientos en Youtube y de acuerdo a su propia testimonio "la experiencia fue desastrosa", en ese momento había abundancia de contenido pero principalmente en formato PDF, no se había avanzado mucho en formas de aprender que no fueran las tradicionales.

Surgió allí la idea junto con su socio Javier Ortiz de crear una plataforma que revolucionara el concepto de e-learning; salieron al mercado en 2013 bajo el sistema de consumo colaborativo, un concepto que les permitiría diferenciarse de los demás y crecer más rápidamente. Caballero usó la experiencia que tenía como empresario y desarrollaron un modelo en donde terceros serían los que produjeran el contenido, así docentes de todo el mundo pueden crear, diseñar sus propios video cursos y las personas que deseen aprender pueden ingresar y obtener capacitación de calidad. "Los resultados han sido extraordinarios" indica Caballero, a la fecha tienen más de 500.000 usuarios en 160 países de todo el mundo y se han convertido, de acuerdo a su fundador, en la plataforma en español de conocimiento colaborativo más grande del mundo.

El fenómeno del auge que han tenido las plataformas basadas en el consumo colaborativo continúa creciendo a velocidades monumentales y su éxito radica en que crean soluciones a problemas de una manera más efectiva que los sectores tradicionales, pero además empodera a sus usuarios que ahora pueden calificar expresamente la experiencia que han recibido y además pueden al mismo tiempo convertirse en productores, en emprendedores en el marco de estas plataformas, todo ello dinamiza la economía y permite la obtención de ingresos por mecanismos antes no previstos.

11. EMPRENDER EN LAS PLATAFORMAS DE ECONOMÍA COLABORATIVA

"Siempre da más de que lo esperan de ti"
Larry Page, cofundador de Google.

"La complejidad es tu enemigo.
Cualquier tonto puede hacer algo complicado.
Lo difícil es mantener las cosas simples".-
Richard Branson

Alguien quiere lo que tienes...

"Somos una pareja a la que nos apasiona la gastronomía y todo lo que se cuece entorno a ella. Nos encanta cocinar y conocer a nueva gente. Después de estar viajando varios años, nos hemos afincado en Barcelona para compartir estas pasiones con las personas que vienen a cenar con nosotros. Este menú es el resultado de nuestras pasiones: un viaje alrededor del mundo con 8 platos diferentes de 8 tierras que nos cautivaron. Después de la cena compartiremos unos deliciosos gintonics rosas y chupitos"

De esta manera el anuncio de EatWith.com en su página de Facebook nos anuncia que esta pareja abrirá sus puertas el sábado y domingo de esa semana, las fotos de los platos son espectaculares e invitan a compartir una experiencia culinaria maravillosa con la pareja de anfitriones.

"¿Cuánto hace que no disfrutas de una exquisita empanada gallega de bacalao? dice un anuncio en la plataforma Chefly.com de España, mostrando unas fotos del delicioso plato español, allí puedes pagar 22 euros y pronto tendrás una suculenta comida casera en tu domicilio.

En México un ejecutivo que trabaja en el centro de la ciudad encontró en la plataforma Parkeo.com, un lugar donde estacionar su vehículo en el día, el dueño del puesto sólo lo usa de noche y recibe un dinero extra por el alquiler del espacio.

En Nueva York una emprendedora entra muy temprano a su oficina, un espacio de trabajo elegante que ha alquilado a través de Breather.com y que le permite tener un sitio donde trabajar sin tener que pagar los altos costos de arriendo en la ciudad y en el lugar puede intercambiar ideas con otros emprendedores y trabajadores independientes.

En TaskRabbit.com varios estudiantes universitarios se ofrecen para realizar mandados durante sus tiempos libres, así obtienes algunos ingresos extras que le ayudan en sus gastos.

En Bogotá una pareja de jubilados ofrece una habitación en alquiler a turistas en Airbnb, están muy contentos de conocer nuevas personas y les encanta la aventura de tener un pequeño negocio en su casa

La economía colaborativa ha venido a abrir las puertas del emprendimiento de una forma masiva y a nivel mundial, la aparición de plataformas tecnológicas que conectan personas alrededor de sectores creando comunidades es una tendencia que no para de crecer y que está siendo aprovechada como mecanismo para ahorrar y para producir dinero extra.

De acuerdo a estadísticas suministradas por algunas de estas plataformas y numerosos estudios especializados, cualquier persona puede rentabilizar sus bienes y ofrecer servicios a través de la economía colaborativa; ahí está otra de sus bondades, el darle significancia a objetos que antes eran acumulados o bienes infrautilizados, con el crecimiento exponencial de este nuevo sistema todo aquello que no usemos ahora tiene valor, el asiento vacío del carro durante los viajes, la habitación vacía de una casa, las horas libres pueden ser aprovechadas para hacer algunas tareas que otros no pueden realizar y pagan por ello, la ropa que nuestros hijos van dejando conforme crecen, los costosos trajes y vestidos que sólo serán usados en unas pocas ocasiones. Todo de pronto tiene valor y puede ser aprovechado, reutilizado y compartido.

Relendo es una startup española que se enfoca en

conectar personas que quieran alquilar objetos por un tiempo determinado, allí es posible alquilar desde una bicicleta hasta un taladro. Esta empresa realizó un estudio y dictaminó que en ese mercado es posible obtener hasta 680 euros al mes, alquilando objetos que no estén siendo usados por sus dueños y que son requeridos por otras personas.

Definitivamente es una buena idea aprovechar las ventajas que nos ofrece la economía colaborativa, alguien quiere lo que tienes y emprendedores de todo el mundo lo han entendido, profesionales, empresarios, escritores, músicos, inversionistas y grandes corporaciones, están impulsando sus proyectos e ideas a través de este sistema que genera redes de apoyo en torno a soluciones que satisfacen necesidades de manera más efectiva que métodos tradicionales, entonces ¿por dónde podemos empezar? ¿Cómo unirse a esta tendencia y beneficiarse de las múltiples ventajas que nos ofrece para emprender?

Investiga. Lo primero será comenzar a investigar que te gustaría hacer, en qué sector te sentirías más a gusto, luego plantear tus objetivos iniciales ¿quieres empezar con una empresa propia, armar tu propia plataforma alrededor de una idea? O prefieres apoyarte en las iniciativas que ya existen? En cualquiera de los casos debes investigar el sector, las propuestas existentes y cómo puedes marcar la diferencia, contribuir con un aporte que beneficie a la comunidad que crecerá en torno a tu producto o servicio. Por supuesto informarte muy bien acerca de las condiciones, obligaciones y derechos que se asumen es de suma importancia.

Haz un plan. Tenemos en este nuevo modelo muchas oportunidades de crecer y desarrollar nuestro potencial emprendedor, es cuestión de empezar a pensar en que tenemos para aportar y luego ofrecerlo de una forma innovadora, una vez que elijas el bien o servicio que vas a prestar, es importante que escribas un plan, no importa que tan pequeño o grande sea tu emprendimiento es importante, para que tenga éxito, tener un plan, escribe y menciona allí cuáles son tus objetivos y como puedes optimizar tus resultados, los días y horas en que trabajarás, tu estrategia de acción, presupuesto y medición de resultados.

Prepárate. Si decides alquilar un espacio en tu casa, compartir tu automóvil, vender la ropa que ya no usarás o si vas a tener invitados para que degusten los platos que te gusta cocinar o si decides montar tu propia empresa, estas emprendiendo, por tanto es importante que te prepares, que te informes sobre los precios de tu producto o servicio; que estudies cual es la mejor manera de que tu producto o servicio destaque, de esta forma lograrás que tus clientes se conviertan en tus aliados en la comunidad a la que has elegido pertenecer, es importante que cuides los detalles, la presentación, la limpieza, todo cuenta. Una vez que tengas listo lo que vas a ofrecer toma unas muy buenas fotografías, apóyate en algunas aplicaciones que tienen resultados casi profesionales y muy importante completa toda la información que te pidan en la plataforma, mientras más detalles ofrezcas, más información recibirá las personas que pudieran estar interesadas en lo que ofreces y por supuesto, en tu foto de perfil en la plataforma, ¡sonríe!

No vendas, ofrece una experiencia. Sea que elijas emprender con un producto o servicio es importante que aportes valor para tu cliente, nuevamente cuida los detalles, ofrece un servicio de calidad y si es un bien, asegúrate de que esté en perfectas condiciones, de no ser así, hazlo saber en el momento en que lo subes a la plataforma. Cuando la oferta se concentra en un producto, aparte de que el mismo debe estar limpio e impecable, un buen consejo adicional es elegir una buena envoltura, previendo que el producto y su empaque soporten el viaje hasta la entrega a su nuevo dueño.

Que voten por ti. Muy bien ya entregaste un muy buen producto, cuidaste los detalles en todo momento y te aseguraste que tu cliente lo recibiera satisfactoriamente o hiciste un muy buen servicio, generaste una grata experiencia para tus clientes y estas creando una comunidad de usuarios alrededor de tu producto, el siguiente paso es muy importante, deben calificarte, asegúrate de que te hagan una buena evaluación, recuerda que estas construyendo tu reputación en una comunidad y es el prestigio que demuestren tus acciones lo que determinará tu éxito.

Crea redes de apoyo y comparte tu éxito. Por último comparte con tus familiares y amigos lo que estás haciendo, ellos y tus clientes serán los embajadores de lo bien que haces tu trabajo, crea una red en torno a lo que produces, busca soporte de mentores y coaching que puedan ayudarte en tu crecimiento, forma relaciones con tu equipo de trabajo, clientes, proveedores y comunidad basadas en la confianza, verás cómo rápidamente recibirás apoyo y te llenarás de muchas satisfacciones.

Capacitación constante. Por último pero no menos importante capacítate permanentemente. Como en cualquier actividad profesional la capacitación continua y formación especializada hará que destaques, además te preparará mejor para los retos que seguramente tendrás que afrontar. Hay muchos cursos gratis en internet por donde puedes empezar, también puedes buscar información en centros comunitarios y universidades, por lo general ofrecen diversos cursos de formación gratuita o a bajo costo en donde puedes mejorar habilidades y destrezas que aplicarás en los negocios y en tu vida.

La economía colaborativa llegó para quedarse y para cambiar muchas reglas, es una tendencia global y lo mejor es aprovechar todas las ventajas que nos ofrece, ya millones de personas en el mundo entero lo están haciendo y los que aún no han escuchado hablar de economía colaborativa pronto lo harán; entonces, después de leer este libro y conocer más sobre sobre esta tendencia que está revolucionando la forma en como nos relacionamos y como consumimos ¿cuánto tiempo pasará antes de que decidas emprender en alguno de estos formatos? recuerda, alguien quiere lo que tienes.

"Tu trabajo va a llenar gran parte de tu vida, la única manera de estar realmente satisfecho es hacer lo que creas que es un gran trabajo y la única manera de hacerlo es amando lo que haces. Si no lo has encontrado aún, sigue buscando. Como con todo lo que tiene que ver con el corazón, sabrás cuando lo hayas encontrado"

Steve Jobs

BIBLIOGRAFIA

La bibliografía está presentada en orden de aparición para facilitar su consulta. Todas las páginas web que aquí se citan fueron revisadas por última vez el 25-06-2017

Algar Ray (2007)* Collaborative Consumption en http://www.oxygen-consulting.co.uk/insights/collaborative-consumption/

Wikipedia (2017) Consumo colaborativo en https://es.wikipedia.org/wiki/Consumo_colaborativo

Adigital (2017) Los Modelos Colaborativos y Bajo Demanda en Plataformas Digitales. Sharing España, Adigital
https://www.adigital.org/informes-estudios/los-modelos-colaborativos-demanda-plataformas-digitales/

Gianpaolo, Fabris (2010) La società post-crescita. Consumi e stili di vita, Egea, 2010, p. 171.

Rifkin, Jeremy El Futuro que Queremos, en http://www.un.org/es/sustainablefuture/rifkin.shtml

Burt, Ronald (2000). "The Network Structure of Social Capital." University of Chicago and European d'Administration d'Affairs (INSEAD).

Waldinger, Robert (2015) ¿Qué hace una buena vida? Lecciones del estudio más largo sobre la felicidad. TED TedxBeaconStreet en
https://www.ted.com/talks/robert_waldinger_what_makes_a_good_life_lessons_from_the_longest_study_on_happiness

Word Happiness Report. 2013
http://worldhappiness.report/download/

Su Alteza el Papa Francisco (2017) Por qué nuestro único futuro digno debe incluir a todos. Conferencia Ted en
https://www.ted.com/talks/pope_francis_why_the_only_future_worth_building_includes_everyone?language=es

Wharton, University of Pennsylvania,(2015) El Poder de las Buenas Relaciones en
http://www.knowledgeatwharton.com.es/article/el-poder-de-las-buenas-relaciones/

Foro Económico Mundial de Davos, (2015) Jack Ma "Harvard me rechazó 10 veces", en
https://www.weforum.org/agenda/2015/09/jack-ma-harvard-rejected-me-10-times/

Huffingtonpost (2015) Los 10 mandamientos del buen anfitrión en
http://www.huffingtonpost.es/2015/11/09/diez-mandamientos_n_8392814.html

Botsman, Rachel (2016) La Moneda de la Nueva

Economía es la Confianza. Conferencia TED en
https://www.ted.com/talks/rachel_botsman_the_cur
rency_of_the_new_economy_is_trust?language=es

PWC. The Sharing Economy, (2015) en
http://www.pwc.com/us/en/industry/entertainment
-media/publications/consumer-intelligence-
series/sharing-economy.html

China Daily, (2017) Report says China's sharing economy to grow 40% annually., 2017 en
http://europe.chinadaily.com.cn/business/2017-
03/23/content_28647699.htm

Wikipedia (2017) en
https://es.wikipedia.org/wiki/Wikipedia

El Confidencial, (2017) Varapalo a Uber: la justicia europea cree que debe tener licencias como los taxistas. En
http://www.elconfidencial.com/tecnologia/2017-05-
11/uber-taxi-tjue_1380928/

European Comission,(2016) A European Agenda for the Collaborative Economy. En
http://ec.europa.eu/DocsRoom/documents/16881

IE Bussiness School, BID 2016, Economía Colaborativa en América Latina. En
http://informeeconomiacolaborativalatam.ie.edu/inf
orme-economia-colaborativa.pdf

China Dayli 17-05-2017 China's sharing economy: $501 billion market volume. En http://www.chinadaily.com.cn/business/tech/2017-05/17/content_29377488.htm

Banco Mundial (2015) Barack Obama, Inauguración Cumbre Mundial de Emprendimiento en Kenia, 2015

Diario El País (2016) Obama y Zuckerberg impulsan a los emprendedores. En http://internacional.elpais.com/internacional/2016/06/24/actualidad/1466796777_411438.html

Bravo Medina, Paula (2016) La start-up peruana que 'conquistó' a Obama y a Zuckerberg, CNN en español. En http://cnnespanol.cnn.com/2016/06/30/la-startup-peruana-que-conquisto-a-obama-y-a-zuckerberg/#0

Infoweek, (2013) Creador de Duolingo explica como creó sistema gratuito de aprendizaje de idiomas. Infoweek online
http://www.infoweek.biz/la/2013/06/duolingo-explica-como-creo-sistema/

El Espectador (2017) Duolingo, una aplicación gratis para aprender idiomas. Espectador.com, 2017. En http://www.espectador.com/tecnologia/352047/duolingo-una-aplicacion-gratis-para-aprender-idiomas

Forbes (2015) The State of Crowdsourcing, Forbes.com
https://www.forbes.com/sites/steveolenski/2015/12/04/the-state-of-crowdsourcing/#3b5bca7c55ee

El Economista, (2017) Jeff Bezos pregunta a sus

seguidores de Twitter cómo donar su dinero. En
http://www.eleconomista.es/tecnologia/noticias/843
5368/06/17/Jeff-Bezos-pregunta-a-sus-seguidores-
de-Twitter-como-donar-su-dinero.html

Forbes (2013) Creative Dodge Dart Ads Tout
Crowdfunding As The New Way To Buy A Car,
Forbes, 2013
https://www.forbes.com/sites/matthewdepaula/201
3/01/27/to-lure-millennials-ads-for-2013-dodge-dart-
tout-crowdfunding-as-the-new-way-to-buy-a-
car/2/#73e17baa49a2

CNN Money, (2015) La campaña de 'crowdfunding'
para la chaqueta Baubax buscaba 20.000 dólares;
obtuvo 9 millones
https://cnnespanol.cnn.com/2015/09/04/la-
campana-de-crowdfunding-para-la-chaqueta-baubax-
buscaba-20-000-dolares-obtuvo-9-millones/

Expansión.com (2016) Baubax la startup que
convertirá chaquetas y pantalones en cargadores de
celular.
http://expansion.mx/emprendedores/2016/07/11/b
aubax-la-startup-que-convertira-chaquetas-y-
pantalones-en-cargadores-de-celular

Diario El Tiempo, (2017) "Nadie quería invertir para
que desconocidos pudieran dormir en casas"
http://www.eltiempo.com/vida/viajar/entrevista-
con-el-creador-de-airbnb-joe-gebbia-100132

García Méndez, Isabel (2017) Historias sorprendentes
de emprendedores que te van a divertir.

Emprendedores.es
http://www.emprendedores.es/casos-de-exito/historias-sorprendentes-de-emprendedores

Ruiz, Nono (2015) Como he hackeado 16 años de mi vida. Medium.com
https://medium.com/startups-es/como-he-hackeado-16-a%C3%B1os-de-mi-vida-d14d9da0f39a

Forbes (2014) La Startup que permite lucir alta costura a un precio accesible. Forbes. com
https://www.forbes.com.mx/la-startup-que-permite-lucir-alta-costura-a-un-precio-accesible/

Macias, Esther, (2015) Miguel Caballero (Tutellus) "Nuestro Objetivo es llevar la educación al último rincón del planeta" Ticbeat
http://www.ticbeat.com/educacion/miguel-caballero-tutellus-nuestro-objetivo-es-llevar-la-educacion-al-ultimo-rincon-del-planeta/

Fernandez, María (2015) Medio Millón de estudiantes que caben en un sótano. Diario El País en
https://economia.elpais.com/economia/2015/07/10/actualidad/1436521761_125197.html

EatWith, Página de Facebook, 9 de Marzo de 2017

Feliba, David (2016) Como aprovechar la economía colaborativa para ganar dinero, Diario La Nación
http://www.lanacion.com.ar/1892134-como-aprovechar-la-economia-colaborativa-para-ganar-dinero

Riva, Adriana (2014) Jack Ma: el excéntrico chino que inspira a millones. Diario La Nación
http://www.lanacion.com.ar/1737774-el-excentrico-chino-que-inspira-a-millonesjack-ma

Reyes, Juan (2012) La historia tras Alibaba: un profesor de inglés crea un imperio. El Definido
http://www.eldefinido.cl/actualidad/mundo/7557/La-historia-tras-Alibaba-un-profesor-de-ingles-crea-un-imperio/

Fernández, Maximiliano, (2017) La deslumbrante historia del fundador de Alibaba: por qué lo llaman el Forrest Gump chino. Infobaehttp://www.infobae.com/tendencias/2017/01/14/la-deslumbrante-historia-del-fundador-de-alibaba-por-que-lo-llaman-el-forrest-gump-chino/

China Files (2014) Jack Ma: así se forjó el imperio del hombre más rico de China. Diario El Tiempo.
http://www.eltiempo.com/archivo/documento/CMS-14603735

ACERCA DE LOS AUTORES

Liana Guerrero y Miguel Fraino se definen a sí mismos como emprendedores apasionados por la educación y los negocios digitales; ella de profesión abogada y él Lic. en Ciencias y Artes Militares, se conocieron durante una maestría en relaciones exteriores en el 2006 y combinaron sus carreras con su pasión por la educación; fundaron en Venezuela, un centro de estudios para que jóvenes profesionales desarrollarán competencias y habilidades gerenciales que en ese momento no formaban parte de las rejillas curriculares de las universidades; introducen en los foros y congresos que organizan, temas relacionados al crecimiento personal, gerencial, derecho laboral, gestión humana, emprendimiento digital e innovación; en la ejecución de esa labor han contado con el apoyo de importantes y distinguidos conferencistas de su país. En el año 2012 durante un congreso de innovación y emprendimiento escuchan hablar sobre economía colaborativa y a partir de allí insertan el tema en su plantilla de cursos, ambos están convencidos de que la formación adecuada, combinada con el desarrollo de tecnologías y el consumo colaborativo se constituyen en una poderosa fórmula para potenciar el éxito de pequeñas y medianas empresas. En 2016 fundaron en Venezuela una plataforma tecnológica dedicada a moda de segunda mano, basada en el concepto colaborativo y continúan promoviendo a través de diversos foros el crecimiento y desarrollo de emprendedores y profesionales a través de la formación y el aprovechamiento de las nuevas tecnologías e internet.

www.ingramcontent.com/pod-product-compliance
Lightning Source LLC
Chambersburg PA
CBHW020439220526
45464CB00002B/780